AF275955

Öhman, Carl / El más allá de los datos / Carl Öhman.
- 1a ed. - Ciudad Autónoma de Buenos Aires: EGodot
Argentina, 2026 / 232 p.; 20 x 13 cm.

ISBN 978-84-19990-71-6
Depósito legal: M-6503-2026

Título original *The Afterlife of Data* (2024)

Traducción Ignacio Rial Schies
Edición Federico Juega Sicardi, Noelia Laudisi De Sa y
Natalia Ribas
Diseño de tapa Iván Brizuela
Diseño de interiores Víctor Malumián
Ilustración de Carl Öhman Max Amici

© **Ediciones Godot**
www.edicionesgodot.com.ar
info@edicionesgodot.com.ar
Facebook.com/EdicionesGodot
Twitter.com/EdicionesGodot
Instagram.com/EdicionesGodot
YouTube.com/EdicionesGodot
Buenos Aires, Argentina, 2026

Impreso en España
Imprenta Kadmos
Salamanca, marzo de 2026

El más allá de los datos.
Qué sucede con tu información cuando mueres y por qué debería importarte

Carl Öhman

Traducción
Ignacio Rial Schies

Para Marie

Un asunto colectivo

Los muertos hacen a la civilización.[1]
THOMAS LAQUEUR

LOS NUEVOS NATUFIANOS

UNO PUEDE IMAGINARSE QUE en nuestros orígenes nómadas, ser humano significaba dejar cosas atrás. Había que abandonar todo lo que no se podía transportar, incluso las personas. Cuando alguien moría, ya fuera por vejez, enfermedad o violencia, no podían cargarlo. Dejaban los huesos para que la tierra se los trague lentamente. Lo que pudiera cargarse tenía que servir a los vivos; los recuerdos solo persistían en la mente. Esta vida transitoria, que iba de un lugar a otro, dejaba poco espacio para la memorialización permanente. Y así, sin medios materiales para preservar la memoria de los que se habían ido, una comunidad terminaba olvidando a los individuos que habitaron su pasado.

Sin embargo, cuando la humanidad detuvo su nomadismo perpetuo, algo tenía que cambiar. Al establecer los primeros asentamientos permanentes, el abandono

1. Thomas Laqueur, *The Work of the Dead*, Princeton, Princeton University Press, 2016.

se volvió imposible.[2] Después de todo, si no te alejas, los muertos tampoco. Entre los primeros pueblos que se sabe que hicieron esta transición están los natufianos, una comunidad que vivía aproximadamente donde hoy se encuentra Israel. Como la mayoría de las culturas del Paleolítico tardío, los natufianos cosechaban cereales silvestres y utilizaban herramientas de piedra. Lo que los distingue en este entorno es el surgimiento de un curioso ritual mortuorio, que más tarde se generalizaría entre las culturas neolíticas. En lugar de abandonarlos en la arena, los cuerpos de los muertos permanecían entre los vivos, enterrados bajo sus viviendas o en los muros que conectaban las casas de familias relacionadas. Lo más chocante, al menos para nosotros, los modernos, es que la cabeza del difunto se cortaba, se conservaba e incluso se decoraba. En lugar de carne, hacían rostros de yeso; en lugar de ojos, colocaban conchas marinas en las cuencas vacías. El cráneo adornado se ubicaba en las viviendas de barro, junto a una cantidad innumerable de otros semejantes.[3] Con el tiempo, los natufianos vivos literalmente compartían sus moradas con los rostros de yeso de generaciones de antepasados que les devolvían la mirada desde las paredes con ojos resplandecientes de concha marina.

Esta proximidad inmediata con los difuntos marcó un cambio fundamental en la historia. Parafraseando

2. Como abordaré más detalladamente en el primer capítulo, la relación entre el surgimiento de los primeros asentamientos permanentes y la presencia de los muertos es recíproca. Algunos sostienen que los asentamientos surgieron *por consecuencia* de su proximidad con los muertos, y no al revés.

3. Para un panorama excelente sobre los entierros neolíticos, véase la obra de Michael Parker Pearson, especialmente su libro *The Archaeology of Death and Burial*, Londres, Sutton Publishing Ltd., 1999.

a Robert Pogue Harrison, ofreció una plataforma donde dos mundos, uno sobre y otro debajo de la tierra, podían interpretarse mutuamente.[4] Reforzaba la sensación de que los muertos seguían presentes en los asuntos de los vivos, lo que, según algunos, sentó las bases para la civilización humana. Y, en efecto, desde el Neolítico, con el correr de los milenios, fueron surgiendo nuevas versiones, menos morbosas, de la misma costumbre de extirpar la cabeza. En los funerales de la aristocracia romana, por ejemplo, a veces se utilizaban las llamadas máscaras *imago*, hechas con impresiones en cera de los rostros de los antepasados fallecidos, llevadas por actores para recibir a los recién fallecidos en la comunidad ancestral. En el antiguo Egipto, los cuerpos de los difuntos se embalsamaban enteros y se enterraban bajo algunas de las mayores maravillas arquitectónicas que haya visto nuestra especie.

En cierto sentido, seguimos viviendo en los mundos de los muertos en tanto que seguimos hablando sus lenguas, habitando sus ciudades y tierras y construyendo sobre sus legados. En resumen, donde haya habido seres humanos, su cultura estuvo influenciada por cómo trataron a los antiguos miembros de su comunidad. Como dijo concisamente el historiador Thomas Laqueur, "los muertos hacen a la civilización".[5]

4. Ninguna obra ha sido más influyente sobre este libro que la de Harrison. Si lo que digo en las próximas páginas alcanza algún grado de relevancia, probablemente sea una paráfrasis de él. Véase especialmente Robert Pogue Harrison, *The Dominion of the Dead,* Chicago, Chicago University Press, 2003.

5. Thomas Laqueur, *The Work of the Dead*, Princeton, Princeton University Press, 2016, p. 81.

A pesar de estas formas actualizadas de conservar a los muertos presentes (simbólicamente) en el entorno doméstico, la tendencia de largo plazo en la historia ha sido su remoción gradual de nuestros espacios cotidianos. En la modernidad —la época que los académicos denominan la era de la "prohibición de la muerte"— los muertos casi no tienen presencia.[6] Son considerados una alteración del orden de las cosas, una perturbación que debe ocultarse a toda costa. Pocos modernos (al menos entre las generaciones más jóvenes) han visto alguna vez un cadáver, y menos aún presenciado la muerte de alguien. En cambio, los difuntos de las comunidades modernas fueron exiliados a lugares donde no es necesario pensar en ellos, salvo en ocasiones especiales como la víspera de Todos los Santos o algún funeral ocasional. Están ocultos de la vida cotidiana, confinados a cementerios y archivos, que técnicamente están abiertos a los visitantes, pero que, en última instancia, pueden abandonarse y olvidarse a voluntad. En la modernidad, los muertos han tendido a estar en otra parte.

Hasta ahora. Hoy vuelven a entrar en nuestras moradas, pero esas moradas tienden a ser plataformas en línea en lugar de casas de barro. En lugar de cráneos en las paredes, los rostros de los muertos nos devuelven la mirada desde los perfiles que dejan en las redes sociales, de los archivos que guardamos en nuestros teléfonos y de los innumerables rastros que dejan las personas en sus actividades diarias en línea. Permanecen perpetuamente presentes, y cada día son más numerosos; tan numerosos, de hecho, que en varias redes sociales pueden llegar a superar la cantidad de

6. Philipp Ariès, *Western Attitudes toward Death*, Londres, Marion Boyars, 1976, p. 85 [trad. esp.: *Historia de la muerte en Occidente*, Barcelona, Acantilado, 2011].

perfiles de los usuarios vivos en tan solo unas décadas. Así, si los muertos "hacen a la civilización", la nuestra parece estar ante un cambio a la altura del de los primeros pobladores del Paleolítico. Somos los nuevos natufianos.

¿QUÉ HACEMOS CON LOS MUERTOS DIGITALES?

En la era de los medios digitales, registrar se ha convertido en el modo por defecto de la sociedad. Casi todo lo que hacemos deja algún tipo de registro, ya sea intencional o no. Las plataformas de las redes sociales que utilizamos para comunicarnos registran nuestro comportamiento y nuestras patrones sociales, los servicios de *streaming* que utilizamos para entretenernos almacenan nuestros gustos musicales y cinematográficos, nuestras tarjetas de crédito registran nuestros patrones de consumo y nuestras búsquedas se registran y almacenan en alguno de los aproximadamente 2,5 millones de servidores de Google.[7] Muchas aplicaciones envían señales de geolocalización cada dos segundos, lo que proporciona un registro casi perfecto del paradero de sus usuarios. La aplicación Apple Health, por ejemplo, que viene preinstalada en todos los iPhone, rastrea automáticamente cada paso que da el usuario y lo registra en la nube. Así que, si eres usuario de Apple, hay un archivo en alguna parte que ofrece una imagen bastante precisa de cuán en forma (o no) has estado a lo largo de los años. Más allá de si usas Internet activamente o no, tu vida produce un volumen de datos cada vez mayor: una sombra digital que se parece cada vez más a ti.

7. Este número es una estimación de 2016 realizada por la empresa de investigación Gartner; véase "Google Data Center FAQ", DataCenter Knowledge, 17 de marzo de 2017, https://bit.ly/45QN2eT.

En su conjunto, estos datos se convierten en una impresión casi perfecta, una máscara *imago* hiperrealista y tridimensional, no hecha de cera, sino en unos y ceros. Sin embargo, a diferencia de nuestros cuerpos biológicos, y de la cera, esta nueva huella digital no se deteriorará tras tu muerte. A menos que se corrompa o sea borrada intencionadamente, permanecerá intacta, indemne al destino inevitable de la vida orgánica. Cuando nos encontramos con los muertos a través de los datos que nos han dejado —lo que los investigadores llaman "restos digitales"—, no nos enfrentamos simplemente a una máscara simbólica, sino a toda una vida de datos, a un cadáver informacional.[8]

Mientras tanto, los medios tecnológicos para procesar y "minar" nuestros datos se desarrollan a una velocidad vertiginosa. Bajo el nombre de publicidad selectiva ha surgido toda una industria que predice el comportamiento de las personas basándose en las huellas que dejan sus datos. El ejemplo más famoso, quizá, es cómo la empresa Target utilizó los datos de la tarjeta de crédito de una adolescente para predecir que estaba embarazada antes de que sus padres lo supieran.[9] Pero la publicidad selectiva, impulsada por el rápido desarrollo de la inteligencia artificial (IA), se ha desarrollado mucho. Con datos suficientes, los algoritmos actuales pueden predecir tu embarazo antes de que tú lo sepas. De hecho, funcionan tan bien que muchas personas están convencidas de que sus teléfonos "escuchan" sus

---

8. Jessa Lingel, "The Digital Remains", en *The Information Society,* 29(3), 2013, pp. 190-195; Patrick Stokes, "Deletion as Second Death", en *Ethics and Information Technology,* vol. 17, 2015, pp. 237-248.

9. Kashmir Hill, "How Target Figured Out a Teen Girl Was Pregnant before Her Father Did", en *Forbes,* 16 de febrero de 2012, https://bit.ly/4oSBDDY.

conversaciones para sugerirles anuncios de los productos que han mencionado. Lo cierto es que los montones de datos que la gente deja atrás, combinados con la precisión de la IA, hacen que las personas sean mucho más predecibles de lo que podrían imaginar. Si no me crees, solo tienes que entrar en el ChatGPT de OpenAI, darle algún texto que hayas escrito y pedirle que reproduzca un nuevo texto del mismo estilo. Si se parece al que podrías haber escrito, no desesperes: la mayoría de la gente es así de predecible, y también lo son los textos que escriben.

A los algoritmos predictivos no les importa si una persona está viva o muerta. Con datos suficientes, pueden entrenarse para *predecir* lo que alguien haría, diría o cómo sonaría si todavía estuvieran vivos. Amazon acaba de anunciar una nueva función para su asistente de voz Alexa, que, con apenas un minuto de audio grabado, le permite al asistente hablar con la voz de un familiar fallecido. Del mismo modo, un proyecto holandés se propuso crear un "nuevo" cuadro de Rembrandt a partir de todos los datos disponibles sobre su obra. Una aplicación de IA analizó todos los aspectos posibles del estilo de Rembrandt —iluminación, motivos, pinceladas, ángulos, etc.— y de esos patrones surgió algo que a la mayoría de la gente le parecería un auténtico retrato de Rembrandt. Lo mismo se ha hecho para completar la Décima Sinfonía inacabada de Beethoven. De hecho, la aplicación Historical Figures incluso le permite a sus usuarios "chatear" con personajes históricos muertos, como Adolf Hitler y Jesús de Nazareth, basándose en el conocimiento histórico sobre ellos. Con cantidades relativamente pequeñas de datos, la IA puede convertir el legado de cualquiera en un agente interactivo.

Naturalmente, hasta el internauta más modesto deja mucha más información sobre sí mismo que Rembrandt o Beethoven. Y, tal como los cuadros de Rembrandt revelan un patrón que puede reproducirse, lo mismo ocurre con nuestros restos digitales, solo que nuestros patrones son mucho más detallados. Tu personalidad puede extraerse literalmente de los datos que dejas atrás. Existe incluso una industria incipiente en torno a ello, como este libro demostrará en detalle. La *startup* del MIT Eterni.me, por ejemplo, ofrece a los usuarios un avatar virtual que, basándose en su perfil de datos, habla, se ve y se comporta igual que ellos.[10] La idea es que este agente artificial vuelva a los usuarios en "virtualmente inmortales" y les permita chatear con sus descendientes. Un nuevo competidor, Hereafter AI, ofrece el mismo producto, y Microsoft presentó recientemente una patente para un producto similar. Pronto, nuestra presencia social en línea dejará de limitarse a fotos estáticas y registros de información para convertirse en un agente interactivo que responda a nuevas entradas o, al menos, siga produciendo nuevos contenidos. En otras palabras, los rostros que nos devuelven la mirada desde las paredes de nuestras viviendas digitales ya empiezan a hablar con voz propia.

Esto puede sonar más parecido a la ciencia ficción que a la vida real. Sin embargo, la automatización de nuestra presencia en línea en el más allá no es un sueño futurista lejano. Tampoco necesita la más alta tecnología. Al contrario, es un fenómeno cada vez más extendido, que funciona sobre todo en dispositivos móviles, y que a menudo se combina con costumbres religiosas y culturales de todo el

10. Al momento de escribir, Eterni.me parece haber agotado su financiamiento y no sigue en línea. Discutiré esto más profundamente en el segundo capítulo.

mundo. Pensemos en el fenómeno cada vez más popular de las aplicaciones islámicas para rezar. Estos servicios incipientes envían automáticamente súplicas (una forma de oración islámica) desde los perfiles de redes sociales de sus suscriptores y la aplicación se encarga de su presencia religiosa en línea, a menudo con la promesa explícita de seguir publicando después de la muerte de sus usuarios.[11] Como mostraré más adelante en este libro, estas aplicaciones generan millones de tuits automatizados por día, tuits posteados cada vez más por los muertos. Es decir, en contra de lo que se suele creer, la forma más común de presencia póstuma automatizada no es consecuencia de un emprendimiento sofisticado de Silicon Valley, sino que surge de la antigua práctica de la oración espiritual. Además, estos tuits no tienen por qué presentarse explícitamente como procedentes del más allá, ya que los perfiles que publican el contenido permanecen intactos. Es probable que ya te hayas encontrado con contenidos publicados por usuarios fallecidos, es solo que no lo sabías.

Sin embargo, el cambio más fundamental no es la nueva interactividad de los muertos, sino su *accesibilidad constante*. La mayoría de nosotros tiene uno o varios amigos fallecidos cuyos rostros siguen apareciendo en nuestros *feeds*, o a cuyas fotos e historial de mensajes volvemos para consolarnos. A diferencia de una tumba o un álbum de fotos físico, los restos digitales son accesibles desde prácticamente cualquier lugar, con un nivel de granularidad sin precedentes. Mi abuelo, por ejemplo, fallecido hace unos años, está siempre a mi alcance. Cuando quiera,

11. Carl Öhman, Robert Gorwa y Luciano Floridi, "Prayer-Bots and Religious Worship on Twitter", en *Minds and Machines,* 1 de abril de 2019, https://d-nb.info/1184177309/34.

puedo tomar el teléfono, abrir la aplicación de Instagram y mirar un video suyo esquiando en las montañas suecas. Puedo oír su voz alegre, leer nuestras conversaciones y reírme de sus comentarios irónicos sobre mis agitados mensajes políticos. Incluso puedo publicar algo en su *timeline* de Facebook. Una parte de él permanece ahí, y lo mismo ocurre con casi todas las personas que conozco que han muerto. En el éter, siguen presentes, siempre a mano en el bolsillo, junto a todas las demás personas que conoces y con las que te comunicas habitualmente. Vayas adonde vayas, los muertos te acompañan.

Al igual que la aparición de los primeros asentamientos permanentes a finales del Paleolítico, esta presencia constante de los muertos marca un cambio importante en la forma en que nos relacionamos con nuestro pasado y con los individuos que lo habitan. Introduce un nuevo modo de estar con los muertos, al que me referiré como *condición posmortal* a lo largo de este libro. Por "posmortal" no me refiero a una forma de inmortalidad digital, por la que nuestras almas sobrevivan en formato electrónico. Esta perspectiva se ha convertido en una moda entre las comunidades que se consideran transhumanistas, que creen que la revolución digital es el próximo paso en la evolución humana, pero tiene poco que ver con la realidad, al menos en un futuro previsible (y también más allá).[12] Tampoco estoy diciendo que nuestros restos digitales perdurarán eternamente. Los datos digitales, como todo lo demás en el mundo, dependen de objetos materiales para

12. Véase Nick Bostrom, "Transhumanist Values", en Frederick Adams (ed.), *Ethical Issues for the 21st Century*, Philosophical Documentation Center Press, 2003, https://bit.ly/4fTw9Vs; y Eric Steinhart, "Survival as a Digital Ghost", en *Minds and Machines*, vol. 17, 2007, pp. 261-271.

su existencia: cables, servidores, redes, etc.[13] Como todo lo que nos rodea, su longevidad está sujeta a las leyes de la termodinámica. Somos, y siempre seremos, fundamentalmente finitos. Lo que denota la condición posmortal es más bien una reconfiguración de la relación entre los vivos y los muertos, un modo de ser por el cual los muertos siguen presentes entre los vivos por defecto. A diferencia de las tecnologías utilizadas anteriormente para preservar a los muertos (cementerios, archivos, álbumes de fotos), Internet ya no es algo que visitamos momentáneamente para irnos. Vivimos *en su interior.* Hoy en día, nadie dice que está "conectado" o que está "desconectado" cuando no utiliza Internet. Estamos constantemente conectados, constantemente *dentro* de la red. Aunque no lleves tu teléfono ni tu laptop, puede que estés cerca de un auto, una heladera o un televisor conectados a Internet. Según una investigación de Juniper Research, se espera que el total de dispositivos conectados alcance los ochenta y tres mil millones en 2024.[14] En esta gigantesca red de dispositivos conectados, vivimos *onlife,*[15] por utilizar un término acuñado por el filósofo Luciano Floridi, en un modo de ser en el que todo está siempre a mano, incluso el pasado.[16] Por primera vez en miles de años, vivimos dentro de la

13. El cuarto capítulo profundiza sobre la fragilidad de los datos digitales. Para un buen panorama sobre los problemas de la preservación de datos, véase Richard S. Whitt, "Through a Glass, Darkly", en *Santa Clara High Tech L.J.*, 33(2), p. 2017.

14. Véase https://bit.ly/41sWP9D.

15. Un neologismo compuesto por "online" y "life", una abreviatura de "vida en línea". [N. del T.]

16. Floridi introduce este concepto en *The Onlife Manifesto*, Springer Cham, 2015.

misma matriz que los muertos mediante los archivos conectados de la web. La frontera que una vez separó nuestro mundo del suyo se erosiona rápidamente. Describo nuestra nueva convivencia con los muertos como una *condición* porque sigue siendo una pregunta abierta cómo elegimos vivir como sociedad con la presencia de la generación pasada. Por supuesto, no se trata de volver a una relación original y más natural con ellos. Como recuerda el filósofo Hans Ruin, "la interacción ética y política entre los muertos y los vivos seguirá siendo siempre un desafío abierto, no solo un caso de estar con o sin los muertos".[17] No podría estar más de acuerdo, pero la cuestión aquí es que este desafío abierto nunca se manifiesta neutralmente. Se manifiesta en las circunstancias tecnológicas y materiales donde los muertos permanecen presentes. Como tal, la llegada de Internet y la aparición del modo de ser *onlife* cambian las condiciones de interacción, interpretación y negociación con los muertos. Tal como los natufianos se enfrentaron repentinamente con la cuestión de qué hacer con los cuerpos de los muertos, nosotros también nos enfrentamos ahora a la cuestión de cómo lidiar con su presencia digital. Están ahí, y no desaparecerán a menos que los quitemos activamente.

UN ASUNTO DE TODOS

Este libro arroja luz sobre los desafíos éticos, políticos y económicos que nos plantea nuestra condición posmortal. Es algo que nos afecta a todos. Como sabemos por experiencia personal, lidiar con la presencia póstuma de

17. Hans Ruin, *Being with the Dead*, Stanford, Stanford University Press, 2019, p. 195.

un fallecido puede ser un proceso difícil para sus deudos, especialmente para los parientes más cercanos. Si la persona fallecida no deja contraseñas, ¿cómo se eliminan sus cuentas y perfiles en Internet? ¿Cómo se notifica el fallecimiento a los contactos en línea? ¿Y qué pasa con sus activos digitales, suscripciones y avatares virtuales? Son cuestiones en las que la gente no suele pensar. Plantean desafíos nuevos e intimidantes, para los que estamos poco o nada preparados. Además, las plataformas en línea rara vez son diseñadas teniendo en cuenta este tipo de preguntas, lo que significa que las interfaces pueden ser poco amigables cuando uno intenta eliminar un perfil o informar que un usuario ha fallecido, especialmente para una persona mayor que no está familiarizada con las aplicaciones y los sitios web. Además, la presencia de los restos digitales de una persona fallecida también plantea cuestiones de naturaleza ética. ¿Debe borrarse la presencia en línea de una persona tras su muerte? ¿O, por el contrario, es imperativo preservarla? ¿Quién tiene autoridad para decidirlo? ¿Tiene una persona muerta derecho a la intimidad? ¿Y qué pasa con las empresas que poseen y controlan sus datos: cuál debería ser su responsabilidad? Responder a estas preguntas, en última instancia, recae sobre cada uno de nosotros como individuos.

Al mismo tiempo, también nos enfrentamos a cuestiones colectivamente, como sociedad, o mejor, como civilización, al responder por la presencia persistente de generaciones pasadas. En este caso, nuestras experiencias individuales son secundarias, ya que cada uno de nosotros se ve afectado, tanto si nosotros y nuestros seres queridos utilizamos Internet como si no. Según las previsiones demográficas de las Naciones Unidas, alrededor se espera que alrededor 2.200 millones de personas fallezcan solo en las próximas tres décadas (y casi ocho mil millones a lo largo del siglo), muchas de las cuales dejarán tras de sí un volumen considerable de datos.[18] Estos datos terminarán por colmar los servidores de las plataformas que utilizamos para la comunicación diaria. Como expongo con cierto detalle en el segundo capítulo, los muertos en Facebook podrían llegar a superar en número a los vivos tan pronto como en 2070. Si la red sigue creciendo al ritmo actual, habrá acumulado cerca de 5.000 millones de perfiles de usuarios fallecidos de prácticamente todo el mundo a fin del siglo. Todas las redes sociales y empresas que recopilan datos sobre sus consumidores se enfrentan a un futuro similar. En algún momento, los usuarios o los consumidores morirán. ¿Y entonces qué? Para Facebook, permitir a las familias en duelo eliminar el perfil o convertirlo en un monumento digital ha sido una solución temporal. Pero ¿qué ocurrirá cuando los guardianes de los monumentos también fallezcan? Y a medida que los servidores quedan ocupados poco a poco por los muertos, lo que amenaza el propio modelo de negocio de las plataformas impulsadas por la publicidad, la pregunta sigue persiste: ¿qué haces con sus datos? ¿Qué debería hacerse con sus datos?

Como subrayaré repetidamente a lo largo de este libro, sea cual sea la respuesta, las implicaciones van mucho más allá de las consecuencias para los usuarios individuales. En la medida en que los muertos "hacen a la civilización", esto afecta a sociedades enteras, no solo a los individuos y sus familias. ¿Por qué? Porque los restos digitales de los

18. Departamento sobre Asuntos Económicos y Sociales de las Naciones Unidas, "World Population Prospects".

miles de millones de personas que utilizan Internet hoy en día son algo más que una colección de las historias individuales de los usuarios. En conjunto, también constituyen nuestro pasado digital colectivo, la base de la relación de nuestra sociedad con sus antiguos miembros. Podría decirse que la avalancha de datos que producimos hoy constituye el mayor archivo del comportamiento humano en la historia de nuestra especie. Puede que incluso se convierta en la principal fuente de información histórica que transmitamos a las generaciones futuras: el patrimonio cultural digital compartido de la humanidad.[19] Deberíamos tener cuidado sobre cómo lo manejamos.

A diferencia de las formas anteriores de recursos históricos, nuestros restos digitales no son solo un reflejo o una representación de la vida a principios del siglo XXI; cada vez más, *son* la vida en el siglo XXI. En el mundo *onlife*, la dicotomía entre en línea y fuera de línea se vuelve trivial porque nuestra vida en común se desarrolla cada vez más *dentro* de la red. Acontecimientos y movimientos como Black Lives Matter, #MeToo y los levantamientos de la Primavera Árabe nacieron, en gran medida, digitales. Sus rastros de datos no son meras representaciones de acontecimientos que tienen lugar "en la vida real". Existieron en línea desde el principio. Así, se convertirán en una fuente de información inestimable para las generaciones futuras que traten de comprender su pasado. Imaginemos, por un segundo, que tuviéramos acceso a los mensajes de Facebook de Napoleón Bonaparte, o a los patrones de datos de la

---

19. Richard S. Whitt, "Through a Glass, Darkly", en *Santa Clara High Tech L.J.*, 33(2); Brügger y Schroeder (eds.), *The Web as History*, Londres, UCL Press, 2017; Graham, Milligan y Weingart, *Exploring Big Historical Data*, Londres, Imperial College Press, 2015.

población alemana en la década de 1930. Las lecciones que podríamos aprender serían infinitas.

Algunos pueden considerar que lo que publicamos en las redes sociales no es más que "basura". Pero la basura es, de hecho, una de las fuentes más ricas de información sobre las culturas antiguas. Los templos y monumentos pueden decirnos mucho sobre las élites que gobernaban las civilizaciones antiguas, pero revelan poco sobre la vida cotidiana de la gente corriente que vivía bajo sus órdenes. Lo que la gente considera mundano, por el contrario, suele ser rico en información sobre su vida cotidiana. Además, debido a la ubicuidad de Internet y su alcance mundial, tenemos, quizá por primera vez, la oportunidad de crear un registro histórico que refleje genuinamente la diversidad de la vida humana, no solo de la élite (masculina) selecta que domina los registros que nos dejaron nuestros antepasados. Como tal, la acumulación de restos digitales plantea cuestiones que ninguna generación anterior enfrentó, cuestiones sobre lo que debemos a las generaciones pasadas que permanecen en nuestros servidores, y a las futuras, que dependerán de estos mismos registros para comprender su pasado. ¿A quién pertenecen esos datos y quién tiene autoridad para controlarlos? ¿Qué principios deben guiar su conservación? ¿Y cómo debe gobernarse todo esto? Como se pondrá de manifiesto a lo largo de este libro, existe una discrepancia considerable entre cómo deberíamos responder a estas preguntas y cómo gestionamos actualmente nuestros restos digitales.

Ya en 2002, el historiador Roy Rosenzweig señaló que "nuestras colecciones digitales más importantes e imaginativas están en manos privadas", lo que, advirtió, plantearía "peligros serios para el futuro del pasado".[20] Las dos décadas transcurridas desde entonces no refutaron su argumento. Los datos digitales se concentran cada vez más en torno a un puñado de poderosos actores privados, lo que da lugar a asimetrías de poder sin precedentes. Nunca antes tan pocos habían tenido tanto control sobre tanta información sobre el pasado y, con él, el poder de moldear el presente. Y ese desequilibrio no deja de aumentar. Como analizo en el capítulo 4, esto supone una grave amenaza política. George Orwell advirtió en *1984* que "el que controla el pasado controla el futuro".[21] En un par de décadas, puede que no sea el partido malvado de Orwell el que controle el pasado, sino una única empresa con fines de lucro. Si Meta (Facebook), Google y un puñado de actores como ellos siguen monopolizando nuestro pasado digital, no es inconcebible que utilicen este poder, intencionalmente o no, para promover sus intereses políticos y económicos.

El control corporativo de nuestro patrimonio digital también plantea problemas con respecto a qué materiales vale la pena conservar. Contrariamente a lo que la gente suele esperar, los datos digitales son frágiles y a menudo se corrompen o destruyen si no se gestionan adecuadamente. "La información digital dura para siempre, o cinco años, lo que ocurra primero", afirma el conservador digital Jeff Rothenberg.[22] Los archivos requieren un cuidado constan-

20. Roy Rosenzweig, "Scarcity or Abundance?", en *The American Historical Review*, 108(3), junio de 2003, pp. 737 y 753.

21. George Orwell, *Nineteen Eighty-Four*, Londres, Secker and Warburg, 1949, p. 162 [trad. esp.: *1984*, Barcelona, Salvat, 1980].

22. Jeff Rothenberg, "Ensuring the Longevity of Digital Documents", en *Scientific American*, (272)1, enero de 1995, pp. 42-47.

te para seguir siendo útiles y legibles: hay que cambiar los formatos de los archivos, sustituir el hardware y actualizar y organizar los sistemas. Todo eso requiere mucho trabajo. Ante los límites de los recursos, algunos datos (o los datos de alguien) deben ser eliminados. Y esto requiere algún tipo de criterio para determinar qué datos tienen "valor", algún principio que ayude a guiar el proceso de selección. Desgraciadamente, el sistema actual no nos permite preguntarnos cuáles deberían ser esos principios, porque hoy en día nuestros restos digitales —el tejido de nuestro pasado digital colectivo— están bajo propiedad y control predominantemente de empresas privadas con fines de lucro. Y para una empresa con fines de lucro hay solo un valor que cuenta: la ganancia. Si no sigues el ritmo de acumulación de capital de tus competidores, estás condenado al fracaso. No importa cuánto valor no monetario (por ejemplo, belleza, felicidad, honor) genere una empresa: si no conduce al crecimiento económico a largo plazo, está condenada al fracaso. En resumen, si dejamos la gestión de nuestro pasado digital colectivo exclusivamente en manos de la industria, la pregunta "¿Qué debemos hacer con los datos de los muertos?" se convierte únicamente en una cuestión de "¿Con qué partes del pasado podemos ganar dinero?". Sustituimos el debate abierto sobre qué principios deben guiar la selección de los recursos legados a las generaciones futuras por un sistema que solo aprecia un valor: el capital.

La apuesta por el destino de nuestros restos digitales no podría ser más alta. La humanidad corre el riesgo de perder el acceso a su pasado colectivo y terminar en lo que los archiveros llaman una "edad oscura digital".[23] O peor

23. Terry Kuny, "A Digital Dark Ages?", 27 de agosto de 1997, https://archive.org/details/63kuny1.

aún, podríamos terminar con una distribución enormemente asimétrica del poder sobre los datos que nos quedan. Aunque no tengas previsto morir pronto, y aunque personalmente no te importe qué hagan con tus datos después de tu muerte, el futuro del pasado es, o debería ser, un asunto *de todos*. Este libro demuestra por qué y cómo.

∞

Lo que he destacado hasta ahora es que nuestra relación con los muertos está atravesando un cambio fundamental. Lo que está en juego no es solo la privacidad póstuma, o nuestra capacidad para visitar el perfil de Facebook de algún pariente fallecido, sino la propia relación de nuestra civilización con su pasado futuro. En nuestro nuevo modo de estar con los muertos, la condición posmortal, el pasado y sus muertos vuelven a estar presentes. Y esta presencia nos obliga a plantearnos preguntas nuevas y difíciles: ¿cómo deberíamos organizar la gestión de los restos digitales? ¿Cómo conseguiremos controlar mejor nuestro legado digital colectivo? ¿Qué debemos a las generaciones futuras? ¿Y quién carga con esa responsabilidad? Se trata de grandes cuestiones éticas sin respuestas obvias. El objetivo de este libro no es ofrecer una solución clara o un plan para resolverlas. De hecho, parte de mi argumento es que no pueden ser resueltas por una sola persona, ya que requieren una *deliberación democrática*. Como ocurre con todos los asuntos de importancia política, no existe una solución objetivamente superior, independiente de los objetivos que consideremos valiosos. Cualquier camino que elijamos estará lleno de conflictos entre las numerosas partes involucradas.

Hacia el final del libro, sin embargo, ofreceré algunas orientaciones para guiarnos mientras moderamos estos conflictos. Una cosa es cierta: sea cual sea el camino que elijamos, debemos recorrerlo juntos. Tanto los vivos como los muertos y los no nacidos tienen algo que decir sobre cómo administramos nuestro entorno sintético. Tenemos esta responsabilidad no solo como usuarios de las redes sociales y personas en duelo, sino como *arqueopolíticos*, ciudadanos de un archivo habitado por el proyecto en curso que llamamos humanidad. Como las tribus paleolíticas que nos precedieron, debemos aprender a vivir con un nuevo tipo de presencia de los muertos para ser buenos arqueopolíticos. Esto podría significar eliminar activamente a los muertos de nuestros servidores, pero entonces debemos preguntarnos a quién eliminar primero y qué hacer cuando no estamos de acuerdo en la respuesta. También podría significar encontrar formas de reincorporar a los muertos a la vida cotidiana, pero entonces tendríamos que ponernos de acuerdo sobre cómo y quién debe asumir el costo, sobre todo en términos de la huella de carbono del almacenamiento de datos. También podría implicar cualquier cosa entre esos extremos. La cuestión es que tenemos que decidir. De hecho, la aparición de la condición posmortal es una reconfiguración radical de la relación de la sociedad con sus miembros pasados, pero no es un proceso mecánico. Es y seguirá siendo siempre un desafío *abierto*.

1. De los huesos a los bytes

Como Homo sapiens *nacemos de nuestros padres
biológicos. Como humanos nacemos de los muertos.*[24]

ROBERT POGUE HARRISON

*El ignorar lo que sucedió antes de nacer nosotros
es como ser siempre niños. ¿Qué es la edad
humana si por memoria de las cosas antiguas no
se enlaza con las edades anteriores?*[25]

CICERÓN

INICIOS

LOS QUE NO CONOCEN su historia se quedan en la niñez. Para un niño todo es una primera vez y el mundo es un lugar misterioso e imprevisible. Recién cuando relacionamos los acontecimientos con el pasado, tanto propio como del entorno, los sucesos que nos rodean empiezan a tener sentido. Los seres desconocidos del mundo fuera del útero se convierten en padres, hermanos, amigos o enemigos solo en referencia a sus acciones *pasadas*. Es por relacionar el hoy con el ayer que podemos anticipar el mañana, y solo mediante la anticipación podemos dar sentido y asumir el control.

24. Robert Pogue Harrison, *The Dominion of the Dead,* Chicago, Chicago University Press, 2003.

25. Marco Tulio Cicerón, *Orator,* en *Brutus. Orator,* trad. de H. M. Hubbell, Cambridge, MA, Harvard University Press, 1939 [trad. esp.: *El orador*, Madrid, Alianza, 1991].

Algo parecido puede decirse de las comunidades que atraviesan cambios radicales. Una comunidad sin pasado es una comunidad que perdió el control de sí misma. Si no sabemos de qué puerto zarpamos, no podemos conocer nuestra dirección aunque sepamos nuestra ubicación, por lo que tener el timón del barco que es la sociedad resulta inútil. Para cualquier estudio sobre el futuro de la sociedad —y este libro es sobre todo un estudio sobre el futuro— debemos, por tanto, empezar por mirar hacia atrás para ubicar nuestro punto de partida. A los efectos de este libro, esto significa que nuestra primera pregunta debería ser: ¿cómo hemos vivido con los muertos en el pasado? Solo a la luz de esta pregunta podemos empezar a evaluar cómo la revolución digital está reconfigurando nuestra relación con los muertos, y cómo debería ser ese proceso.

Soy consciente de las dimensiones gigantescas de esta cuestión. Como la presencia de los muertos constituye una piedra angular en casi todas las instituciones humanas —desde la religión al lenguaje, pasando por la arquitectura—, es imposible explicar los cambios en el rol social de los muertos sin contar también toda la historia de nuestra especie. Esa escala va mucho más allá de lo que un capítulo, o siquiera un libro entero, podría abarcar. En su lugar, nos centraremos en una cuestión más concreta, a saber: ¿qué podemos aprender de las perturbaciones tecnológicas anteriores de nuestra relación con los muertos?[26] La respuesta que presento en las páginas si-

---

26. Al parafrasear la pregunta de este modo, este capítulo indudablemente debe mucho a "Communication Media and the Dead: From the Stone Age to Facebook" de Tony Walter, en *Promoting the Interdisciplinary Study of Death and Dying,* 20(3), 2015.

guientes es triple. 1) De la aparición de los primeros asentamientos permanentes, cuando los muertos se volvieron ineludiblemente presentes entre los vivos, aprendemos que la mediación tecnológica de los muertos es lo que posibilita la civilización, que los humanos siempre viven en un mundo construido por los muertos. 2) De la invención del lenguaje escrito aprendemos que el advenimiento de lo digital no es más que el capítulo más reciente de una búsqueda tan antigua como la humanidad, una búsqueda por desvincular a las personas muertas de su existencia física mediante una voz, un rostro o un cuerpo protésicos que puedan viajar más allá de los límites biológicos. 3) Por último, el triunfo del horno crematorio en el siglo XIX nos permite conocer el trasfondo cultural en el que se inscribe la alteración actual: la muerte oculta de la modernidad.

Estas tres lecciones no se ajustan necesariamente a una narración lineal. La historia no suele hacerlo. Aun así, tenemos que empezar por el principio, por lo que el historiador Thomas Laqueur llama *el tiempo profundo de los muertos*, cuando la presencia de los difuntos consistía en poco más que una colección de huesos.[27]

EL TIEMPO PROFUNDO DE LOS MUERTOS

Según el filósofo alemán Hans-George Gadamer, el cuidado de los muertos es un emprendimiento exclusivamente humano, una "conducta vital que se ha desviado del orden de la naturaleza".[28] Desde este punto de vista,

27. Thomas Laqueur, "The Deep Time of the Dead", en *Social Research*, 78(3), 2011, pp. 199-820.

28. Hans Georg Gadamer, *Reason in the Age of Science*, Massachusetts, MIT Press, 1983, p. 75.

los animales no tienen un concepto de persona más allá de la presencia física y, por lo tanto, muestran poco interés por sus parientes fallecidos. El cuidado de los ausentes, y en concreto el ritual del entierro, es lo que nos diferencia de otros organismos de la Tierra. Sin embargo, investigaciones etológicas recientes arrojan serias dudas sobre estas especulaciones, al menos si las leemos literalmente. Muchos animales, como los lobos, los chimpancés, los elefantes, los delfines, las nutrias, los gansos, los leones marinos y las urracas (¡sí, de verdad!) de hecho lloran a sus muertos, a veces durante días.[29] Incluso se ha observado a elefantes junto a los cadáveres de sus crías muertas durante *semanas*, y a menudo se interesan mucho por los restos óseos de sus parientes, así como por los de individuos no relacionados con su manada. (Algunas observaciones sugieren que los elefantes a veces intentan enterrar, o al menos cubrir con hojas y arena, los restos de otros elefantes). En otras palabras, cuidar de los muertos y relacionarse con ellos no nos ha "desviado" de la naturaleza, sino que es uno de nuestros instintos más profundos, compartido con muchos otros miembros del reino animal.

Sin embargo, no juzguemos a Gadamer tan rápido. Una vez que el cuerpo de un animal se ha descompuesto, la única expresión de su presencia es un montón de huesos y (si ha tenido suerte) el código genético transmitido a su descendencia. Con el tiempo, su sucesor se encontrará con nada más que su hábitat, un entorno de mera utilidad práctica. Los humanos, en cambio, no vivimos solo en hábitats, sino siempre en los *mundos* que heredamos

---

29. Para una exploración elaborada sobre la emoción animal, véase Marc Bekoff, *The Emotional Lives of Animals*, California, New World Library, 2007.

de quienes nos precedieron. No heredamos únicamente el ADN de nuestros antepasados, sino también su lengua, su cultura y sus ideologías, así como las infraestructuras físicas que construyeron para mantener la sociedad a flote. No vivimos únicamente a través de la información genética de nuestros antepasados, sino también a través y dentro de la información cultural que nos legaron. De hecho, imaginar a un humano que no viva en un mundo así es imposible, ya que una criatura que no viviera en un mundo creado por humanos, o algo parecido a los humanos, no formaría parte del proyecto intergeneracional que conocemos como *humanidad*.

Nadie lo ha formulado de forma más elocuente que el profesor de literatura de Stanford Robert Pogue Harrison en su afirmación: "Como *Homo sapiens* nacemos de nuestros padres biológicos. Como humanos nacemos de los muertos".[30] De hecho, ser miembro de la humanidad implica algo más que una mera calificación biológica. Ser humano es, ante todo, "venir después de los que vinieron antes", por tomar prestada otra de las frases de Harrison.[31] En cualquier caso, los seres humanos están, y siempre han estado, en constante correspondencia con su pasado. Vivimos en y a través de una relación sostenida con los que vinieron antes. La capacidad misma de leer estas letras es una herencia del Imperio romano, cuyo alfabeto heredamos; es una herencia de los españoles, en cuya lengua nos comunicamos ahora. El hecho de que estas palabras tengan algún significado solo se debe a que apuntan hacia atrás en el tiempo, no a algún punto de referencia

30. Robert Pogue Harrison, *The Dominion of the Dead,* Chicago, Chicago University Press, 2003, XI.

31. *Ibid.*, 30.

original, sino a una secuencia interminable de referencias que se remonta hasta el reino animal y más allá. "La humanidad comienza donde ya existe un antepasado",[32] por tomar prestada una última frase de Harrison.

Pero nuestra historia tiene que comenzar en algún lugar, y para este libro me gustaría situar ese comienzo en el eclipse del Paleolítico, justo durante la construcción de los primeros asentamientos permanentes. Para el nómada paleolítico, la presencia de las generaciones pasadas era limitada. Ser humano, por así decirlo, era dejar cosas atrás, incluidas las personas. Aunque las tribus probablemente volvían a las mismas zonas año tras año, no tenían lazos permanentes. La vida consistía en viajar en pequeñas bandas de cazadores-recolectores, siguiendo el cambio de las estaciones y la migración de la caza. La evidencia arqueológica de este periodo es escasa. No podemos saber con exactitud cómo los humanos prehistóricos trataban a sus parientes fallecidos y se relacionaban con ellos. Pero, en la medida en que las culturas nómadas que sobreviven hoy en día pueden darnos alguna pista (un supuesto determinista, sin duda), los muertos probablemente no eran una parte muy activa de la vida social, al menos no como individuos diferenciables. Las tribus nómadas contemporáneas, al igual que los beduinos, se esfuerzan poco por enterrar a sus muertos.[33] Por lo general, cubren los cadáveres en un montículo anónimo de arena o piedra y luego los abandonan. Pocas veces vuelven a mencionar a los muertos.[34] Esta cos-

---

32. *Ibid.*, 72.

33. Nótese que no todos los beduinos son nómades.

34. Marina Hussein Mustafa y Sultan N. Abu Tayeh, "Comments on Bedouin Funeral Rites", en *Mediterranean Archaeology and Archaeometry*, vol. 14, no. 1, pp. 51-63.

tumbre se ha mantenido prácticamente igual durante cientos, quizá miles de años. Dadas las condiciones prácticas de un estilo de vida nómada, es probable que la humanidad entera la haya compartido en el pasado.

Por supuesto, los muertos pueden sobrevivir a través de leyendas, canciones, y como parte de un espíritu imaginario mayor que habita la tierra. Sin embargo, aunque esta memoria biológica sea fácil de llevar, también es volátil, engañosamente plástica, y pone un límite definitivo al número de individuos que pueden ser recordados por una comunidad —escasa garantía para una presencia social sostenida—. A menos que transfieran los muertos simbólicamente a un objeto externo como madera, piedra o arcilla, una tribu simplemente no puede cargar con sus muertos. Por lo tanto, para sobrevivir en el tiempo, especialmente para trascender generaciones, la memoria de los difuntos necesita una marca, una estructura física donde proyectar la permanencia de los muertos. Necesita alguna forma de inscripción en el paisaje.[35]

No es de extrañar, por tanto, que las primeras estructuras permanentes construidas por el hombre no fueran para refugiarse o almacenar alimentos, sino para preservar la memoria de los antiguos miembros de la comunidad. Al principio, estas construcciones probablemente no fueran mucho más que un montón de piedras o un túmulo de tierra y arena, algo que proporcionaba una superficie tangible sobre la cual proyectar el recuerdo de los muertos. Pero con el tiempo se convirtieron en verdaderos sepulcros, o al menos en construcciones con un interior, un

35. Para un análisis elaborado de la materialidad no solo de la memoria sino también de la fenomenalidad del tiempo, véase Martin Hägglund, *Radical Atheism*, Stanford, Stanford University Press, 2008.

espacio aislado que los muertos podían habitar. A esto se refería el filósofo español Miguel de Unamuno con su célebre afirmación de que "antes se empleó la piedra para las sepulturas que no para las habitaciones".[36] El historiador estadounidense Lewis Mumford especula sobre la misma línea en su clásico libro *La ciudad en la historia*, donde señala que "los muertos fueron los primeros en tener una morada permanente".[37] Según Mumford, estos primeros monumentos de piedra fueron sitios a los que los vivos regresaban cada tanto "para comulgar o apaciguar a los espíritus ancestrales".[38] Es decir, las zonas donde descansaban los muertos se convirtieron en puntos de referencia en el paisaje natural.

La idea de que los muertos fueron los primeros en tener una morada permanente no solo es históricamente cierta, sino que además encierra una verdad más profunda. De hecho, un sepulcro es una especie de casa —una casa para los muertos—. O quizá deberíamos decir que una casa es una especie de tumba para los vivos. La hipótesis de los arqueólogos es que, cuando surgieron los primeros asentamientos permanentes en los albores del Neolítico, los lugares de entierro de los muertos fueron los primeros en poblarse, dada su condición ya establecida como lugares de reunión. Los vivos eran los recién llegados. Se

36. Miguel de Unamuno, *The Tragic Sense of Life in Men and Nations,* trad. de Anthony Kerrigan, Princeton, NJ, Princeton University Press, 1978 [trad. esp.: *El sentimiento trágico de la vida*, Madrid, Renacimiento, 1912, p. 44].

37. Lewis Mumford, *The City in History*, Boston, Mariner Books, 1968, p. 6.

38. Como ejemplo de la importancia de estos sitios, considérese que Stonehenge probablemente fuera mudada porque las piedras representaban a los ancestros.

instalaron en un dominio reservado originalmente a los habitantes del pasado, con los que ahora compartían las viviendas, a menudo literalmente. Los natufianos que abren este libro son un caso ilustrativo. Se trata de una cultura que surgió en torno al Levante (es decir, la zona de las actuales Palestina, Israel, Jordania y Siria). Además de ser una de las primeras culturas conocidas que elaboraron cerveza, la sociedad natufiana era muy parecida a lo que uno podría imaginar. Cosechaban cereales, usaban herramientas de piedra y tenían una forma primitiva de sociedad de clases. Sin embargo, lo que los vuelve interesantes en este contexto son sus rituales mortuorios. Mientras que sus antepasados paleolíticos se limitaban a dejar a los muertos en la arena y abandonarlos, esta costumbre era imposible para los natufianos sedentarios. Por ello, se enfrentaron a la inevitable pregunta de cómo deshacerse de los cuerpos de sus antepasados. La respuesta fue guardarlos bajo las mismas casas donde vivían. Y no solo eso: antes de "deshacerse" del cuerpo, cortaban la cabeza del difunto y la adornaban con una cara de yeso y ojos de concha de mar. Estos cráneos decorados se colocaban después en las viviendas para que permanecieran en el mundo de los vivos. Como describe vívidamente el destacado arqueólogo funerario Mike Parker Pearson:

> Mientras los cadáveres yacían enterrados directamente bajo los pies de los vivos, sus cráneos seguían compartiendo con ellos el mundo de la superficie hasta que eran depositados en cajones dentro de fosas, bajo las casas u otros sitios. Sin embargo, tanto el cadáver como el cráneo comparten el espacio de los vivos. Tal era la preocupación de la gente por mantener este hilo conductor de lugar y espacio que generaciones y generaciones habitando el mismo lugar, construyendo sus

casas de adobe sobre viviendas anteriores hasta que la superficie de sus moradas, colinas de barro hechas por el hombre conocidas como *tells*, se elevaban por encima de la llanura circundante.[39]

El mundo de los vivos y el de los muertos eran, en otras palabras, el mismo. Esta proximidad nueva y permanente con los muertos supuso un cambio radical en la naturaleza de su presencia. Habían pasado a ser una parte tan significativa de la sociedad, tan permanente como las casas bajo las que yacían enterrados, su mirada tan abierta como las conchas marinas que destellaban en las paredes. En palabras del historiador William Spellman, esta presencia "reforzaba la convicción de que [los muertos] seguían involucrados en los asuntos de los vivos".[40] Y en la medida en que la gente creía que los muertos seguían involucrados en los asuntos de los vivos, en realidad *lo estaban*, aunque quizá ya no como agentes sensibles. Habían perdido la capacidad de hablar, pero sus prótesis oculares ofrecían una nueva superficie de proyección.

Aunque la mayoría de las culturas no hayan cortado y decorado los cráneos de sus parientes fallecidos, muchos rituales mnemotécnicos posteriores tienen un parentesco con los observados entre los natufianos. Las figuras de arcilla con forma humana halladas por los arqueólogos en toda Europa y Medio Oriente son un ejemplo. Aunque solía creerse que eran estatuas de diosas de la fertilidad, ahora hay muchas pruebas que sugieren que

39. Mike Parker Pearson, *The Archaeology of Death and Burial*, Gloucestershire, The History Press, 2003, p. 160.

40. W. M. Spellman, *A Brief History of Death*, Chicago, The University of Chicago, 2014, p. 25.

estas figuras son en realidad encarnaciones simbólicas de antepasados. Por ejemplo, a menudo se encuentran almacenados junto a cráneos. Sus rasgos faciales se asemejan a las caras de yeso de los cráneos natufianos (muy detallados en todos los rasgos excepto en la boca, incluyendo los ojos de concha marina, etc.) y a menudo se encuentran en lugares similares dentro de las viviendas de los vivos: en el interior de las paredes o en las uniones entre casas (supuestamente para indicar las relaciones de parentesco con un antepasado común). Según Parker Pearson, estas estatuas representan una "transformación de la representación de los antepasados en un sentido literal, utilizando el cráneo real, a un sentido más figurado, retratando al individuo fallecido separado de sus elementos físicos".[41] Más tarde, estas representaciones evolucionarían hacia formas aún más abstractas, como vasijas antropomorfizadas o, en las culturas helénica y romana, máscaras mortuorias conocidas como *imago*, impresiones faciales en cera reservadas a ciudadanos (varones) muy distinguidos. Estas máscaras eran utilizadas principalmente para representar a los muertos durante los funerales de personajes destacados, por actores que se asemejaban físicamente a los originales. Sentados en sillas de marfil frente a los vivos, los actores que llevaban las máscaras imago hacían que los muertos "cobraran vida", o al menos daban una impresión visual convincente de estar realmente presentes. El ritual simbolizaba la bienvenida de los muertos a su comunidad, pero también unía a las generaciones bajo un mismo techo. Tal como los cráneos natufianos se colocaban en las esquinas de las casas, las máscaras imago se

41. Mike Parker Pearson, *The Archaeology of Death and Burial*, Gloucestershire, The History Press, 2003, p. 164.

convertían en las uniones del imperio. Demostraban que Roma perduraba y consolidaban a la patria como lugar de residencia permanente —la *casa*, por así decirlo— de múltiples generaciones.

Aún hoy, las casas siguen siendo símbolos de la unión entre los vivos y los muertos. De hecho, pocos tropos evocan connotaciones tan fantasmales como las casas abandonadas, donde de algún modo permanecen sus habitantes del pasado. También existe una obvia conexión léxica, ya que la palabra *casa*, que se refiere comúnmente a una estructura física, puede referirse también a un linaje, a una comunidad de miembros vivos y muertos. Tal vez, una siempre implique la existencia de la otra: no existen casas sin pasado, ni pasados sin casas que habitar. La idea de que la casa que comparten las generaciones presentes y pasadas constituye el origen de la civilización humana quizá sea más una conveniencia dramatúrgica que un hecho histórico. Sin embargo, no cabe duda de que los efectos de la proximidad con los muertos propiciada por las primeras casas ha reverberado a lo largo de los siglos. Aunque sea solo por eso, la casa se ha mantenido como una de las metáforas más poderosas de lo que significa estar con (o *dentro de*) el propio pasado y, por tanto, de lo que significa ser humano. Al menos esto debemos concederle a Gadamer.

LOS MUERTOS PORTÁTILES

Entre los artefactos literarios que nos llegan desde las profundidades de la historia, ninguno es más antiguo que la historia conocida como *La epopeya de Gilgamesh*.[42] Comienza describiendo las aventuras y la amistad del héroe, Gilgamesh, rey de Uruk, y su amigo Enkidu. Después de que Gilgamesh y Enkidu matan al monstruo Humbaba y a la bestia conocida como el Toro del Cielo, los dioses deciden que ya es suficiente. Como castigo por su arrogancia, los dioses matan a Enkidu infectándolo con una enfermedad que lo atormenta durante doce días (no es precisamente la muerte de un héroe). Gilgamesh toma conciencia de su propia finitud. Se embarca en otra búsqueda heroica: burlar a la muerte de una vez por todas y alcanzar la inmortalidad. Esa búsqueda lo lleva hasta un hombre llamado Utnapishtim, que, junto con su esposa, es uno de los dos únicos individuos a quienes los dioses concedieron la vida eterna. Utnapishtim intenta convencer a Gilgamesh de que acepte su destino inevitable, pero al final cede y le revela la localización de una hierba mágica que crece en el fondo del mar y que Gilgamesh podría utilizar para ganar su inmortalidad. Gilgamesh encuentra y cosecha la planta en el lugar indicado, pero en su viaje de regreso, una serpiente se la roba mientras nada. Así, Gilgamesh vuelve a Uruk con las manos vacías. Irónicamente, ese mismo fracaso convirtió a Gilgamesh en una de las figuras inmortales de la literatura. El recuerdo del rey que buscó el infinito —algunos afirman que está basado en una persona real— sigue presente en nuestra conciencia colectiva hasta el día de hoy. Su historia se destaca entre las incontables epopeyas que inspiró con el

---

42. Nótese que hay múltiples versiones diferentes de *La epopeya de Gilgamesh*. La historia que narro en el primer capítulo de hecho no es la más antigua, pero ese detalle apenas importa con respecto al punto que señala.

correr de los milenios, y también en el sentido literal, por ser una de las obras más famosas de todos los tiempos, una lectura clave en cualquier programa de estudios literarios de todo el mundo. Este estatuto imperecedero proviene de un poder mucho mayor que el de cualquier hierba mágica: el de la palabra escrita.

La escritura tiene mucho en común con la construcción de casas y tumbas, tanto que incluso podemos considerar la palabra escrita como una continuación, o extensión, de la casa. Si, como he sugerido, pensamos en las casas y los túmulos como *inscripciones en el paisaje*, entonces la letra no es más que un sepulcro en miniatura en el paisaje de una hoja de papel, una tabla de arcilla o un monitor. O viceversa: las tumbas son una forma de escritura en la tierra. En muchas lenguas, las palabras relacionadas con la escritura (como el inglés *engraving*, el francés *engraver*, el protoeslavo **greti*, etc.) y las palabras para "tumba" comparten la misma raíz etimológica, la palabra protoindoeuropea **ghrebh-*. Escribir una letra, entonces, es análogo a cavar una tumba en un papel. Y a nivel empírico, en el pasado la escritura estuvo íntimamente ligada con el entierro. En el antiguo Egipto, por ejemplo, los funcionarios hacían inscribir sus biografías en las tumbas mucho antes de morir. Era una parte fundamental tanto del proceso de entierro como de la construcción de la propia cámara funeraria.[43] Los antiguos egipcios incluso dejaban cartas a los muertos cuando visitaban sus

43. Para una mirada más detallada de las conexiones entre la muerte y la escritura en el antiguo Egipto, véanse las palabras de Jan Assmann. En este contexto, recomiendo especialmente *Cultural Memory and Early Civilization. Writing, Remembrance, and Political Imagination*, Cambridge, Cambridge University Press, 2011.

tumbas. Al parecer, los muertos no podían oír los mensajes orales de los vivos, pero escritos en papiro, podían trascender las fronteras que separaban los dos mundos. Como explica Ruin, la tumba era una "analogía formativa del libro, donde el texto vuelve presente a un sujeto que pertenece al mundo de los muertos".[44] La palabra escrita, como la tumba, es una especie de contenedor donde los muertos se alojan y permanecen a lo largo del tiempo, adquiriendo así una voz protésica independiente de los vivos. Tanto la palabra como la tumba son contenedores de tiempo, interfaces materiales donde el presente y el pasado se encuentran.

Tal como en las casas y las tumbas, los seres humanos residen *adentro* de la palabra escrita. Es el tejido cultural que nos separa de la naturaleza. Como el sepulcro de piedra, *contiene* a los muertos. Porque, como hemos visto, ser humano es residir siempre en un mundo, y los mundos consisten siempre en lenguas forjadas por las generaciones.[45] Es decir, la palabra escrita es una morada portátil de los muertos. Portabilidad, en este contexto, significa dos cosas. Por un lado, puede referirse a la capacidad de los textos para ser transferidos de un objeto a otro sin perder información. A diferencia del cadáver, que es irreemplazable, el *corpus* que deja un individuo no depende de la duración de una manifestación material

---

44. Hans Ruin, *Being with the Dead*, Stanford, Stanford University Press, 2018, p. 188.

45. Como señala Martin Heidegger, "El lenguaje es la casa del ser. En su morada habita el hombre". "Letter on Humanism" [1946], en *Pathmarks*, ed. de William McNeill, Cambridge, Cambridge University Press, 1998 [trad. esp.: *Carta sobre el humanismo*, Madrid, Alianza, 2000, p. 11].

particular. Esta es una de las claves de la longevidad de los textos. A pesar de los miles de ejemplares de la Biblia que nos separan, la Biblia que leo hoy consiste en la misma narración que escribieron los autores de los Evangelios hace siglos, que es (supuestamente) una extensión de las acciones y palabras del mismo Cristo. *La epopeya de Gilgamesh* en tu estantería (siempre que sea una copia de la antigua versión sumeria) contiene la misma historia que hace miles de años. Lo que cambió es la forma, la manifestación física de la historia, no el contenido. Cuando la información es portátil, la superficie donde está inscrita se vuelve reemplazable, aunque, como veremos a lo largo de este libro, no es insignificante.

Por otro lado, la portabilidad puede referirse al hecho de que la palabra escrita puede transportar recuerdos a través del espacio como ninguna tecnología anterior. Antes de la escritura, cualquier información almacenada fuera del cerebro humano era prácticamente inmóvil, lo que significaba que los recuerdos y la identidad ancestral estaban espacialmente confinados. Si tus antepasados están representados por casas, estatuas o grandes piedras erigidas, no puedes trasladarlos sin más. Hay excepciones, como el traslado de Stonehenge. En la Gran Bretaña neolítica, la piedra estaba profundamente asociada a los antepasados. (De hecho, era destinada estrictamente a las moradas de los muertos. Los vivos tenían que conformarse con materiales perecederos como la madera). Por eso, se cree que las rocas de Stonehenge simbolizaban la comunidad ancestral o incluso que consideraban que *eran* los ancestros. Las piedras azules que forman el círculo exterior del monumento, cada una de entre dos y tres metros de altura, fueron trasladadas unos 200 kilómetros desde las colinas de Preseli, en Gales, hasta la llanura de Salisbury, en Inglaterra; este esfuerzo enorme debería interpretarse como nada menos que el traslado de la autoridad ancestral, un intento de los migrantes por preservar la relación con su pasado para mantener intacta la unión entre los vivos y los muertos (y, por implicación, unir a los vivos como un grupo de origen común).[46] Por más impresionante que sea Stonehenge, yo creo que la mayoría de la gente preferiría llevar a sus antepasados en forma de inscripciones en tablas o, incluso, en *papel*, en vez de rocas de tamaño humano.

El recuerdo de los muertos solo viaja tan lejos y tan rápido como el material sobre el que se inscribe o proyecta. La escritura en tablas de arcilla, así, imprimió un gran impulso a la difusión de legados a través de grandes distancias. Para conectar con las formas rituales del recuerdo, como explica el egiptólogo alemán Jan Assman, "hay que ir a una imagen, un monumento, un lugar sagrado para volver a conectar con su significado". Para conectar con el significado de los textos culturales escritos, en cambio, "basta con leerlos".[47] Cuando el culto a un fundador-ancestro se fija por escrito, deja de estar limitado a grupos de personas que se consideran emparentadas y puede extenderse más allá de las fronteras geográficas. La difusión mundial de religiones como el islam y el cristianismo son un testimonio de esto. La única razón por la que un cristiano de la Sri Lanka actual puede sentirse

46. Mike Parker Pearson y Ramilisonina, "Stonehenge for the Ancestors", en *Antiquity*, (72)276, Cambridge University Press, 1998, pp. 308-326.

47. Jan Assmann, *Cultural Memory and Early Civilization*, Cambridge, Cambridge University Press, 2011, p. 75.

emparentado a otro de, por ejemplo, la Noruega del siglo xv, a pesar de que probablemente ninguno de los dos haya visitado Judea o pisado el mismo suelo que el otro, es porque ambos han leído (o escuchado) las palabras del mismo fundador que falleció hace mucho tiempo. Esta comunidad a través del espacio y el tiempo es inimaginable sin las escrituras, las voces protésicas que los definen. La palabra escrita liberó a los muertos de su fijación corpórea en el tiempo y el espacio. En lugar de limitarse a existir como cuerpos inmóviles de carne (putrefacta), un *cadáver*, los muertos recibieron un nuevo cuerpo móvil: un *corpus* inscrito en tablas de arcilla o rollos de papiro.

La escritura no es la única tecnología que separa a la persona muerta de su presencia corpórea. Solo ejemplifica una cualidad que puede encontrarse en cualquier forma de tecnología informática. Un ejemplo más reciente es la fotografía. En su clásico ensayo *Camera Lucida*, Roland Barthes dice que la invención de la fotografía es una "astuta disociación de la conciencia de la identidad".[48] En la fotografía, dice Barthes, la identidad de una persona se disloca del espacio donde reside la mente consciente (el cuerpo biológico); asume una existencia independiente de la carne. La fotografía separa el *ser como persona* del *ser como agente consciente*. Es por eso que la fotografía está tan íntimamente ligada a la muerte. Los individuos en las fotografías antiguas que estudia Barthes están presentes de un modo absurdo; al mirar las fotos, ve a personas que tienen toda la vida por delante y, sin embargo, esas personas probablemente *ya estén muertas*. Los individuos que aparecen en las fotografías son reales y están presen-

48. Roland Barthes, *Camera lucida*, Nueva York, Hill and Wang, 1981, p. 12 [trad. esp.: *La cámara lúcida*, Buenos Aires, Paidós, 2014].

tes en tanto extensiones de personas reales. Pero no están vivos. Están muertos, tanto en el sentido biológico (no es posible que estén vivos cuando sus imágenes llegan a Barthes) como en el sentido de que la fotografía inevitablemente retrata objetos como si fueran viejos e inanimados al congelarlos en el momento. Este espacio entre lo real y lo viviente, según Barthes, es la razón por la cual la esencia, el *eidos*, de la fotografía es la muerte.

Como ocurre con la escritura —¿o quizá con todas las nuevas tecnologías de la información?—, la fotografía está empíricamente conectada con los muertos. Inmediatamente después de que Louis Daguerre presentara los primeros daguerrotipos (lo que hoy llamamos fotografías), los cadáveres se convirtieron en uno de los motivos más populares.[49] Las familias de todo el mundo occidental, especialmente en las zonas anglófonas, llevaban los cadáveres de familiares fallecidos (especialmente niños) a un fotógrafo para que los retrataran antes de que empezaran a descomponerse. El cadáver solía presentarse como dormido, pero a veces se lo posaba como si estuviera vivo. Aunque los cadáveres pronto se vieron superados en popularidad por los retratados vivos, la fotografía siguió siendo un importante mediador de los muertos. Antes de la revolución fotográfica, que personas en sitios alejados tuvieran una representación de tu rostro, incluso antes de que fueras enterrado, habría sido una empresa costosa que habría involucrado un pintor o un escultor. Como alternativa considerablemente más barata, la fotografía democratizó el acceso a una presencia póstuma. De hecho, apenas décadas después de su aparición, las fotos de familiares fallecidos se

---

49. Véase Stanley Burns, *Sleeping Beauty*, Cambridge, Twelvetrees Books, 1990.

convirtieron en un elemento decorativo habitual en las casas de familias de clase media de Estados Unidos y parte de Europa, lo que, según la historiadora Elizabeth Hallam y la socióloga Jenny Hockey, convirtió el entorno doméstico en "un sitio de memoria materializada [...] propicio para la reflexión personal y el recuerdo".[50] Tal como los cráneos conservados en las casas natufianas o las máscaras *imago* de la Roma antigua, las fotografías adornan a su vez las paredes de las casas con los rostros de los muertos.

Otro notable mediador de los muertos es el telégrafo. Como describe vívidamente el historiador cultural Jeffery Sconce, este invento desencadenó todo un movimiento, el espiritualismo, en torno a la idea de que las comunicaciones electrónicas podían llegar de alguna manera al mundo de los muertos y traer todo tipo de mensajes. Samuel Morse, el inventor del telégrafo, supuestamente fue un interlocutor póstumo especialmente frecuente, según cuentan muchos practicantes del espiritismo. Hoy es fácil ridiculizar estas creencias, pero lo cierto es que muchos de los científicos más destacados del siglo XIX creyeron firmemente en la posibilidad de comunicarse con los muertos a través de medios electrónicos. De algún modo, todo tenía sentido. Como explica Sconce:

> La concepción original de los espiritualistas de la "telegrafía celestial" no era tanto una aplicación errada del discurso tecnológico como una prolongación lógica de las características de por sí "sobrenaturales" de la tecnología. Al fin y al cabo, hablar con los muertos a través de líneas y puntos era apenas más milagroso que hablar con los vivos ausentes a través de líneas y puntos; ambos

50. Elizabeth Hallam y Jenny Hockey, *Death, Memory, and Material Culture*, Oxfordshire, Routledge, 2001, p. 141.

involucraban sujetos reconstituidos a través de la tecnología como entidad a la vez intersticial y misteriosa.[51]

En otras palabras, el telégrafo, y más tarde otras tecnologías como la radio y la televisión inalámbricas, *desvincularon* la presencia personal de los confines del cuerpo, permitiendo una comunicación incorpórea que podía trascender el tiempo y el espacio. Y en la medida en que la presencia del cuerpo se vuelve superflua para la comunicación, su desaparición (es decir, la muerte) deja de importar: la mente/alma inmortal puede vivir en el éter y el éter es accesible mediante comunicaciones electrónicas. O al menos ese era el razonamiento de los espiritualistas.

La lección es que todas las tecnologías de la información desvinculan a los muertos de su confinamiento biológico. Es su propia naturaleza. Ya sea en forma de casas, cartas o fotografías, la tecnología nos proporciona cuerpos, voces y rostros protésicos. Y estos nuevos cuerpos, si están bien construidos, sobreviven a la carne y pueden viajar grandes distancias en el tiempo y el espacio. Sin embargo, a pesar de estas cualidades liberadoras, no dejan de ser *contenedores*. Ya sea en una tumba, un libro, un disco o un álbum de fotos, los muertos siempre están *en* algo, en un espacio cerrado y aislado del mundo exterior.[52] Los libros y los álbumes de fotos tienen cubiertas no solo para protegerlos de daños, sino también para marcar la línea que separa el pasado del presente. Esa es la ironía de la portabilidad: lo mismo que libera a los muertos de sus restos físicos es lo que permite separar a los vivos de los

---

51. J. Sconce, *Haunted Media*, Durham, Duke University, 2000, p. 28.

52. Esto también lo tomo de Harrison, véase Robert Pogue Harrison, *The Dominion of the Dead,* Chicago, Chicago University Press, 2003.

muertos en la sociedad. Cuando los muertos yacen bajo tus pies, permanecerán allí, te guste o no. Pero cuando el cadáver real es sustituido por un corpus inscrito en un papel, siempre puede colocarse *en otro lugar*. Es decir, la tecnología separa a la persona difunta de su cuerpo biológico y, así facilita también una separación de los muertos de los espacios ocupados por los vivos. Deja en manos de los vivos la decisión de dónde colocar la información de una persona fallecida. Las tablas de piedra y los libros ayudaron a Gilgamesh a sobrevivir durante miles de años, pero también es sorprendentemente fácil amontonarlos en una biblioteca polvorienta, lejos del mundo de los vivos. Permítanme que me explaye.

EL PUERTO DEL QUE PARTIMOS

El 1 de mayo de 1873, el anatomista italiano Lodovico Brunetti presentó al mundo una nueva máquina. La llamó "Crémation des Cadavres". Era una máquina escandalosa, casi sacrílega, cuyo propósito, simple pero asombroso, era transformar un cadáver humano adulto en nada más que una taza de ceniza. Cumplió su promesa con una rapidez asombrosa. En cuestión de horas, 45 kilos de carne y huesos humanos quedaron reducidos a 1,77 kilos de pura ceniza. Aunque este logro puede no parecer especialmente impresionante —después de todo, las piras funerarias habían existido en diversas culturas europeas y asiáticas durante milenios—, este primer ejemplar del horno crematorio moderno fue el heraldo de un régimen tanatológico totalmente nuevo. Era el presagio de la aniquilación.

El prototipo de 1873 no fue el primer intento de Brunetti. Al contrario, fue el producto de años de ensayo y error. El primero, construido en 1869, era un horno abierto de ladrillo alimentado con leña de nogal. Aunque consiguió transformar a una mujer de 55 kilos en 2,5 kilos de huesos calcinados en apenas cuatro horas, los resultados fueron finalmente insatisfactorios. La incineración no era completa, sino que había dejado pequeños trozos de hueso entre las cenizas. En enero de 1870, Brunetti realizó un segundo experimento, con un bastidor de hierro perforado en el que había colocado trozos de un cuerpo, pero tampoco estuvo a la altura de sus expectativas. Lo mismo ocurrió con el tercer y el cuarto intento. No fue hasta que aplicó una tecnología sofisticada de la industria siderúrgica, en la que el calor se genera por reverberación de gases, que lo logró. El horno crematorio definitivo, presentado en Viena en 1873, podía generar temperaturas de hasta 1100 °C, suficientes para transformar en polvo y gas a los trozos más pequeños de hueso. Así, la misión de Brunetti estaba completa: su "Crémation des Cadavres" transformaba a los muertos en prácticamente nada. La determinación obsesiva de Brunetti por volver posible la incineración completa de los muertos ilustra el contraste entre el movimiento moderno de cremación y sus antecedentes históricos. La gente lleva milenios quemando a sus seres queridos. Los antiguos griegos lo hacían (la mayoría de ellos al menos). También lo hacían los romanos en la República tardía. Algunos vikingos también eran cremados. No era del todo infrecuente entre las culturas neolíticas. Los budistas y los hindúes han practicado la cremación durante milenios sin interrupción. Pero en cada uno de estos casos, cremar a los muertos es una forma de honrarlos. Se los cremaba porque se cuidaba de ellos. El movimiento moderno de cremación, por otra parte, no tuvo el impulso de la cortesía o la tradición, sino que representó, en última instancia, un avance de la razón y de la ciencia. En palabras de Laqueur, la cremación "representaba el máximo programa modernista de la ciencia decimonónica frente a la muerte, de hecho, frente a toda la humanidad". Sus defensores la aclamaron como "el triunfo final de la razón y el sentido común", la manifestación más acabada de la ilustración.[53]

¿Qué volvía tan "racional" a la cremación? Sir Henry Thompson, una suerte de estrella de la ciencia decimonónica que había quedado muy impresionado con el invento de Brunetti, tenía muchas respuestas a esa pregunta. Unos pocos meses después de ver la primera demostración en Viena, fundó la British Cremation Society, que desempeñaría un papel crucial en la defensa de la forma moderna de tratar a los muertos. Entre las supuestas ventajas de la cremación estaba la higiene. Thompson consideraba que dejar que los muertos se descompusieran en el suelo, como se hacía en la Europa cristiana, causaba todo tipo de enfermedades. Para evitarlas, aconsejaba a los vivos deshacerse por completo de los muertos. Otra ventaja era el ahorro de espacio. Una urna de cenizas es considerablemente más pequeña que un ataúd de tamaño humano y, así, no ocupa tanto espacio en el cementerio. El espacio sobrante podía utilizarse para la rápida expansión de las ciudades. El entierro tradicional también representaba un enorme derroche económico. En la década de 1870, en la zona urbana de Londres moría un promedio de 80.430 personas al año, y casi todas eran enterradas. En conjunto, sus cuerpos representaban 93.567 kilos de ceniza, que es un excelente fertilizante con un considerable valor de

53. Thomas Laqueur, *The Work of the Dead*, Princeton, Princeton University Press, 2016, p. 502.

venta. Basado en esto, Thompson argumentó que Gran Bretaña atesoraba cientos de miles de libras esterlinas bajo tierra (cientos de millones en valores actuales), que no tenían ningún uso económico. "El capital está destinado a producir buenos intereses", dijo, sugiriendo que, como el capital biológico ya no servía de nada a los muertos, bien podría servirle a los vivos. En otras palabras, el objetivo del movimiento de cremación no era simplemente eliminar a los muertos, sino hacerlos trabajar para los vivos, reclutarlos en lo que Laqueur llama "un régimen de vida".[54]

También se observa una tendencia similar en el desarrollo de otras tecnologías relacionadas con la muerte que surgieron durante la segunda mitad del siglo XIX. Incluso las artesanías como la fotografía y el embalsamamiento, que son medios intuitivos para conservar a los muertos entre los vivos, pasaron a formar parte de una misión más abarcativa para suspender el fallecimiento del cuerpo humano y subsumir a los muertos a la circulación del capital, parafraseando a John Troyer, director del Centro para la Muerte y la Sociedad de la Universidad de Bath. En su libro *Technologies of the Human Corpse* [Tecnologías del cadáver humano], Troyer describe cómo el salto tecnológico del siglo XIX permitió que surgiera toda una industria nueva en torno a los muertos, convirtiendo el cadáver humano en una "fuente irrestricta de capital".[55] Los muertos, según Troyer, ya no estaban simplemente muertos, sino que se reinventaban y fabricaban como producto de consumo. De hecho, en la modernidad, los muertos están sobre todo sujetos al régimen de la vida.

54. *Ibid.*, p. 493.

55. John Troyer, *Technologies of the Human Corpse*, Cambridge, MIT Press, 2021, p. 28.

Resulta sorprendente hasta qué punto las tecnologías relacionadas con la muerte del siglo XIX en general, y el movimiento de cremación en particular, resuenan con los ideales más amplios de la modernidad. Porque ¿qué es la modernidad sino un intento por liberar a la sociedad de su dependencia del pasado, por liberarla de los viejos hábitos y tradiciones irracionales y sustituirlos por algo nuevo y racional? ¿Y qué podría personificar mejor al pasado que sus habitantes, los muertos? En palabras del historiador francés Philippe Ariès en su obra pionera *Historia de la muerte en Occidente*, la era moderna es ante todo una era de "muerte vedada", una excomunión de los muertos de la esfera pública.[56] De hecho, incluso la propia palabra moderno proviene del latín *modo*, que significa "ahora mismo" o "el presente". La muerte en la modernidad, argumenta Ariès, debe ocultarse y evitarse, ya no por el bien del moribundo, sino principalmente "por el bien de la sociedad". Y continúa: "Importa ante todo que la sociedad, la vecindad, los amigos, los colegas y los niños adviertan lo menos posible que la muerte ha sucedido".[57] No todas las culturas modernas creman a sus muertos literalmente; en Estados Unidos, por ejemplo, solo se creman alrededor del 50 % de los cadáveres. Pero, aunque no todos los cuerpos pueden ser cremados físicamente, todos son, sin embargo, borrados metafóricamente en el sentido de que su presencia en los asuntos públicos pierde validez. Los muertos deben desaparecer. La modernidad es, en otras palabras, la

---

56. Philippe Ariès, *Western Attitudes toward Death: From the Middle Ages to the Present,* trad. de Patricia M. Ranum, Baltimore, Johns Hopkins University Press, 1974 [trad. esp.: *Historia de la muerte en Occidente*, Barcelona, Acantilado, 2011].

57. *Ibid.* [pp. 83-97].

manifestación más extrema de la separación entre los vivos y los muertos, facilitada por la creciente portabilidad de los últimos. La palabra escrita permitió guardar a los muertos en archivos y estanterías. El horno crematorio completó el proceso eliminándolos por completo de la faz de la tierra. Como resume el sociólogo Zygmunt Bauman, la modernidad "mató a la muerte".[58]

La agresión moderna contra los muertos es también un proyecto político. Desempeña un papel clave, implícita y explícitamente, en cada una de las principales ideologías de la política moderna. Consideremos el liberalismo. No es casualidad que en la Declaración de Independencia estadounidense —un documento con una importancia sin parangón, no solo para el liberalismo, sino para todo el orden político moderno— Thomas Jefferson elija la vida, la libertad y la búsqueda la felicidad como virtudes cardinales del Estado, en lugar de, por ejemplo, la dignidad, el honor y la tradición. En particular, tanto la libertad como la felicidad, y obviamente también la vida, son bienes que corresponden exclusivamente a los individuos vivos, en contraste con los sujetos políticos alternativos. Años más tarde, Jefferson incluso explicaría esta postura en una carta en la que afirma que "la tierra pertenece en usufructo a los vivos", mientras que los muertos "no tienen ni poderes ni derechos sobre ella".[59] El liberalismo, y su interpretación del papel del Estado en la sociedad, es, en otras

58. Zygmunt Bauman, *Mortality, Immortality, and Other Life Strategies,* Cambridge, UK, Polity Press, 1992 [trad. esp.: *Mortalidad, inmortalidad y otras estrategias de vida*, Madrid, Sequitur, p. 137].

59. Thomas Jefferson, *Political Writings,* ed. de Joyce Appleby y Terence Ball, Cambridge, UK, Cambridge University Press, 1999 [trad. esp.: *Escritos políticos*, Madrid, Tecnos, 2014, p. 593].

palabras, exclusivamente un proyecto para los vivos, los legítimos propietarios de la tierra. A diferencia de los sistemas políticos religiosos, aristocráticos y feudales que la precedieron, la sociedad liberal es, de principio a fin, un "régimen de vida".[60]

En las sociedades occidentales contemporáneas, este régimen liberal se ha manifestado principalmente en dos instituciones sociales fundamentales: la democracia liberal y el libre mercado. Ambos son sistemas que están explícitamente al servicio de la población actual. En los estados democráticos, solo los vivos pueden votar. Por lo tanto, los vivos son los únicos a los que vale la pena convencer, los únicos cuyos intereses merecen ser tenidos en cuenta, a expensas tanto de las generaciones pasadas como de las futuras, cuya pertenencia al *demos* está por venir o ya no existe. La democracia, al menos en su interpretación liberal occidental, es, por el contrario, el dominio de las generaciones pasadas sobre el presente. Al fin y al cabo, nos regimos por leyes que a veces se promulgaron mucho antes de nuestras vidas. Estados Unidos, por ejemplo, sigue firmemente vinculado a una constitución cuyos autores han muerto hace siglos. Sin embargo, el hecho de que esto se considere generalmente un defecto de la democracia, y no una virtud, es revelador de cómo la concebimos los modernos. El argumento es que, al acatar leyes hechas por los muertos, la democracia no cumple su promesa, lo que implícitamente significa que es una promesa de dominio total del presente. Del mismo modo, el mercado solo da poder a consumidores actuales. Si no tienes capital para gastar, no eres nada. El valor de tus intereses puede medirse

60. Thomas Laqueur, *The Work of the Dead*, Princeton, Princeton University Press, 2016, p. 493.

en dólares y centavos, y como ni las generaciones futuras ni las pasadas son consideradas personas físicas, no cuentan con esos recursos. Aquí se podría argumentar que el mercado (capitalista) es un dominio del futuro más que del presente. La razón por la que trabajamos colectivamente muchas más horas de las necesarias para mantenernos es el miedo al mañana. En el capitalismo, quien no invierte para el mañana pronto quedará fuera de juego. Y así, todo lo que se consume hoy es una inversión perdida para mañana. De ahí que todos, trabajadores y capitalistas, seamos esclavos del futuro. No cabe duda de que hay algo de verdad en esto, y en el tercer y cuarto capítulos volveré sobre los mecanismos del capitalismo en mayor detalle. Sin embargo, finalmente, este supuesto dominio del futuro no beneficia en nada a sus habitantes reales. En efecto, esta exigencia de invertir constantemente y de hacer crecer la economía se traduce, en última instancia, en un consumo de recursos naturales a expensas de las generaciones futuras. Puede que el mercado esté invirtiendo para el futuro, pero sin duda no está conformando una sociedad para un bienestar. En el mejor de los casos, está moldeando la sociedad según la voluntad del consumo instantáneo.

El socialismo lleva el mismo sello de desdén por el pasado. Para Karl Marx, cuya influencia en el pensamiento socialista no tiene comparación, la influencia de las generaciones pasadas en la sociedad contemporánea era, en el mejor de los casos, una superstición y, en el peor, un obstáculo para la verdadera emancipación. "La tradición de todas las generaciones muertas", se queja en *El 18 Brumario de Luis Bonaparte*, "oprime como una pesadilla el cerebro de los vivos".[61] Para realizar la revolución, hay que sacudirse el yugo de los muertos. Aunque no debamos culpar a Marx, ni siquiera al socialismo, por las interpretaciones confusas que surgieron en la Unión Soviética y China durante el siglo XX, esta hostilidad hacia los muertos sigue siendo claramente visible en su retórica y su política. Consideremos la poesía revolucionaria del futurista ruso Vladímir Mayakovski, una voz clave durante los años formativos del partido bolchevique. En 1917, Mayakovski, junto con sus colegas poetas y artistas David Burliuk, Aleksei Kruchenij y Viktor Khlébnikov, publicó uno de sus poemas más explícitamente políticos, titulado "Una bofetada al gusto público".[62] Ya en sus primeras líneas, los autores dejan claro que en la modernidad no hay lugar para los muertos:

> Solamente nosotros somos la imagen de nuestro Tiempo. El corno del tiempo resuena en nuestro arte verbal.
>
> El pasado es estrecho. La Academia y Pushkin —menos comprensibles que jeroglíficos—.
>
> Pushkin, Dostoievski, Tolstói, etc., etc., deben ser tirados por la borda del vapor del Tiempo Presente.
>
> Quien no olvida su primer amor no vivirá el último. [...]
>
> Todos los Máximos Gorkis, Kuprins, Bloks, Sologubs, Remizovs, Averchenkos, Chornys, Kuzmins, Bunins,

61. Karl Marx, *The Eighteenth Brumaire of Louis Bonaparte* [1937], Marxists Internet Archive, 1999, https://bit.ly/4lNj2GU [trad. esp.: *El 18 Brumario de Luis Bonaparte*, Madrid, Fundación Federico Engels, 2003, p. 10].

62. La traducción al inglés del poema puede encontrarse en https://bit.ly/3HTc9pq [trad. esp.: Wiktor Woroszlski, *Vida de Mayakovski*, México, Ediciones Era. 1980. pp. 59-60].

etc., etc., solo necesitan quintas a la orilla de un río. Así recompensa el destino a los sastres.

¡De la altura de los rascacielos miramos su pequeñez!

No deja de ser irónico que, para arrojar a Pushkin, Dostoievski y Tolstói "del vapor del Tiempo Presente", los poetas necesitaran traerlos consigo en primer lugar. De hecho, estos jóvenes estaban casi obsesionados con los gigantes de la edad de oro de la literatura rusa que les precedió. (Al parecer, lo primero que hizo Mayakovski al salir de la cárcel en 1910 fue retomar la lectura de *Anna Karenina* de Tolstói). En cualquier caso, la denuncia explícita de los maestros (muertos) del pasado por parte de los poetas futuristas es indicativa no solo del proyecto literario de los círculos radicales en torno a Mayakovski, sino de la misión general del socialismo. La manifestación más extrema de esta misión es la brutalidad de la Revolución Cultural en China, iniciada en 1966, donde prácticamente cualquier artefacto habitado por la memoria de los muertos fue destruido en una guerra contra las "cuatro viejas": las costumbres, la cultura, los hábitos y las ideas. Se puede objetar que tanto la Unión Soviética como la China comunista, y más aún los estados pseudosocialistas como Corea del Norte, están obsesionados con los muertos. Después de todo, el cadáver embalsamado de Vladímir Lenin tenía (y tiene) un estatus casi sagrado, y el culto a líderes difuntos como Mao Zedong y Kim Il-sung (que sigue siendo el "Presidente Eterno de la República") tiene un matiz casi necrocrático. Sin embargo, en tanto que los países considerados socialistas rinden culto a los muertos, debería entenderse como un fracaso en la realización de sus ideales socialistas. Sin serias acrobacias intelectuales, eso no puede justificarse dentro del paradigma del pensamiento socialista.

La cuestión aquí es que, ya sea liberal o socialista, el orden político moderno es esencialmente una forma de cremación conceptual en un horno más de ideas que de carne. Es un barco de vapor en constante movimiento en el que los muertos solo consiguen un boleto para ser arrojados por la borda.

Los críticos de la modernidad, especialmente los que pertenecen al campo conservador, han criticado su hostilidad hacia lo no viviente durante siglos. Uno de los primeros y más feroces entre ellos es Edmund Burke, que suele ser reconocido como el padre del pensamiento conservador.[63] A diferencia de otros pensadores de su época, como Jefferson —quien, como hemos visto, no tiene en cuenta la influencia de los muertos en la sociedad—, Burke considera a los muertos como una parte fundamental del contrato social, como miembros naturales e incluso necesarios de la sociedad. Para Burke, lo que une a los grupos sociales a lo largo del tiempo no es un mero contrato entre el individuo y la colectividad (como lo es para Hobbes), sino un contrato que se extiende a lo largo de las generaciones o, como él dice, "no solamente de los que existen, sino un contrato entre los que viven, los que están por nacer y los que han muerto".[64] Ser conservador, en el sentido burkeano, es así tanto facilitar como mantener el equilibrio dentro de la sociedad preservando las virtudes y los recursos de la generación

---

63. Edmund Burke, "Reflections on the Revolution in France" [1790], Lawrence, KS: Neeland Media, 2004 [trad. esp.: *Reflexiones sobre la revolución de Francia*, México, Martín Rivera, 1826].

64. *Ibid.* [p. 98].

pasada en beneficio de las generaciones futuras. Varios pensadores contemporáneos han desarrollado la noción de contrato social de Burke. El historiador de Harvard Niall Ferguson, por ejemplo, ha argumentado que el régimen económico actual está robando a las generaciones futuras para dárselo a las presentes.[65] El filósofo conservador inglés Roger Scruton argumenta de forma similar que el paradigma liberal privilegia a los miembros vivos de la sociedad a expensas de los miembros no vivos de la "asociación".[66] Sin embargo, la noción de contrato social de Burke no requiere la aprobación del conservadurismo como proyecto político (especialmente no tal y como se practica hoy en día, que podría decirse que es lo contrario de las ideas expuestas anteriormente). En el contexto de este libro, la noción de una "tiranía del presente" simplemente sugiere que la modernidad está lejos de ser moralmente neutral cuando se trata de generaciones no vivas. Hacia el capítulo final volveré sobre esta noción para discutir cómo puede ayudarnos a formular una respuesta a los desafíos éticos de vivir en la condición posmortal.

La modernidad como proyecto es intrínsecamente hostil a los muertos. Sin embargo, esto no quiere decir que las personas que viven en las sociedades modernas no se preocupen por sus parientes fallecidos. Por supuesto que sí. Cualquiera que haya perdido a un ser querido sabe que los lazos que nos unen no se rompen ni siquiera con la muerte. Seguimos cuidando de los muertos. Cumplimos

---

65. Niall Ferguson, "Why the Young Should Welcome Austerity", BBC News, 17 de junio de 2012, https://www.bbc.com/news/world-18456131.

66. Roger Scruton, *The Meaning of Conservatism*, Indiana, St. Augustine's Press, 1980.

sus deseos, cuidamos sus cuerpos, respetamos sus voluntades, aunque sepamos bien que no habría repercusiones por su parte si no lo hiciéramos. Las funerarias han sido más prósperas que nunca durante el siglo xx, encontrando formas cada vez más novedosas de vender sus productos (ataúdes nuevos y cada vez más costosos, adornos florales, gestión de trámites, etc.). La investigación genealógica personal prospera, cada vez más personas buscan conocer el pasado de sus familias. De hecho, los muertos permanecen en la vida emocional de sus deudos. Sin embargo, en la modernidad, estas relaciones con los muertos se consideran un asunto exclusivamente privado. Para el individuo moderno, el duelo es un proceso que consta de etapas, en las que el destino final es encontrar el "cierre", volver a una normalidad donde lo absurdo de la muerte no pueda alcanzarnos.[67] Una tecnología como el horno crematorio debe comprenderse en este contexto. Su objetivo no es simplemente eliminar el cadáver, sino restablecer el orden y reclutar a los muertos para el único régimen que puede importar: el régimen de vida al que pertenece la tierra y todo lo que hay en ella.

Este régimen es el telón de fondo sobre el que debemos interpretar la alteración digital de nuestra forma de estar con los muertos. Este es el puerto de donde partimos.

¿DÓNDE ESTAMOS AHORA?

Es difícil fijar una posición exacta, por no hablar de un rumbo, en tiempos de cambios acelerados. De hecho,

---

67. Este punto de vista suele atribuirse a Elisabeth Kübler-Ross, en su libro clásico sobre el duelo, *On Death and Dying*, Nueva York, Scribner, 1997.

describir cómo está cambiando nuestra relación con los muertos y cómo podemos convertirnos en agentes activos de este proceso requerirá el resto de este libro. Pero situarlo en el contexto histórico de los trastornos tecnológicos anteriores aclara un poco las cosas. Nos permite establecer algunos marcos básicos para la narración de dónde estamos y hacia dónde vamos en términos de nuestra relación con los muertos.

En cierto modo, el relato se explica por sí mismo, teniendo en cuenta los datos básicos. Se espera que más de 2.200 millones de personas fallezcan solo en las próximas tres décadas.[68] Y si las tasas de penetración de Internet siguen aumentando al ritmo actual, la mayoría de ellas dejarán atrás algún tipo de presencia en línea. Como expongo con más detalle en el capítulo siguiente, existe incluso una posibilidad realista de que los muertos en Facebook superen en número a los vivos en solo cuatro décadas, lo que significa que compartiremos nuestros medios de comunicación cotidianos cada vez más con los muertos. Mientras tanto, las piezas de comunicación que los muertos dejan atrás pueden conservar cantidades cada vez mayores de información, de modo que la línea que separa su mundo del nuestro será cada vez más difusa. En resumen, en la sociedad de la información, los muertos están en todas partes. Hasta aquí todo bien, pero situar estas cifras en un contexto histórico nos ayuda a ver más allá. Primero y principal, vemos que la aparición de los muertos en línea es algo más que un mero asunto para los deudos o un dolor de cabeza para las plataformas en línea. Las primeras casas fueron viviendas tanto para los vivos como para los

68. Departamento de Asuntos Económicos y Sociales de las Naciones Unidas, "World Population Prospects".

muertos, símbolos de lo que significa vivir en la civilización humana. Hoy, Internet se está convirtiendo en la casa donde se desarrolla la sociedad. En este contexto, la presencia en línea de los muertos emerge como un presagio de disrupción civilizatoria.[69] Lo que está en juego es nuestra relación con nuestro pasado colectivo y sus habitantes y,

69. A lo largo de las últimas dos décadas, cientistas sociales de una gran variedad de disciplinas han explorado los efectos de las tecnologías digitales en nuestros modos de relacionarnos con los muertos. Es comprensible que hayan puesto el foco principalmente en las implicancias para el usuario de internet como individuo, quién duela, quién muere y quién permanece muerto en línea. Investigadores de las interacciones humano-computadora como Jed Brubaker de la Universidad de Colorado Boulder y el científico computacional Michel Massimi (ahora en Slack) han explorado las implicaciones para los diseñadores y sugerido diversas maneras de facilitar todo desde el duelo compartido hasta la negociación de intereses contrapuestos entre los herederos legitimados de activos digitales. Psicólogos como Elaine Kasket han estudiado los patrones cambiantes del duelo y las expresiones de pérdida en línea y esbozado las implicaciones para los profesionales del duelo. Y una larga lista de juristas, donde se destaca Edina Harbinja de la Universidad Aston, han proporcionado análisis descriptivos y prescriptivos del panorama legal. La lista es interminable. Son contribuciones muy valiosas. Pero al contemplarlas a la luz de las disrupciones tecnológicas, como el surgimiento de las primeras casas, es evidente que lo que está en juego es mucho más que la mera facilidad para transmitir nuestros activos digitales a nuestros hijos, o cómo se expresan en las redes sociales las personas de luto. Si los muertos hacen a la civilización, entonces es seguro que cualquier cambio en su presencia es también una reconfiguración civilizatoria. Los primeros asentamientos neolíticos cambiaron fundamentalmente las sociedades humanas, e incluso nuestra interpretación de lo que significa ser humano. De una manera similar, Internet se está convirtiendo cada vez más en un lugar que *habitamos*, y hacerlo no solo cambiará nuestra relación con nuestros cohabitantes —los muertos—, sino, en tanto que los muertos *hacen a la civilización*, nuestra relación con el proyecto intergeneracional de la humanidad. Cambia quién se considera un interesado legítimo en el asunto de cómo lidiamos con los muertos en línea.

en última instancia, con nosotros mismos como especie. También vemos que las tecnologías digitales no son únicas en su capacidad de preservar a los muertos entre nosotros. Al contrario, son una continuación de prácticas tecnoculturales tan antiguas como *La epopeya de Gilgamesh*, el capítulo más reciente del proyecto de desvincular a los muertos de sus confines biológicos. Los medios digitales son, como todas las tecnologías de la información anteriores, parte de la construcción de un cuerpo protésico portátil. Lo que una vez fue un corpus de letras se inscribe ahora con unos y ceros.[70] Por último, vemos el fondo

---

70. A la luz de inventos como la palabra escrita y la fotografía, está claro que las tecnologías digitales no son más que el último capítulo en una búsqueda tan antigua como la del propio Gilgamesh: desvincular al muerto de sus confines biológicos. Las tecnologías de la información, al parecer, nos proporcionan cuerpos protésicos hechos de piedra, texto, papel o cualquier otro material que pueda alojar mejor la información que queremos que sobreviva. La alteración digital de nuestra relación con los muertos no es más que una forma increíblemente eficaz de preservar la información, el capítulo más reciente de la larga historia de la evolución de nuestra relación con nuestro propio pasado. Incluso algunos de los fenómenos sociales más curiosos asociados a la muerte digital tienen raíces antiguas. Tomemos, por ejemplo, la conceptualización común y bien documentada de la red como un espacio de otro mundo donde nuestras acciones comunicativas todavía pueden llegar a los muertos. Kasket ha descubierto que aproximadamente el 77 % de las publicaciones en los perfiles de Facebook de usuarios fallecidos se dirigen directamente a ellos con frases como "Sé que estás leyendo esto" o "Lamento no haber pasado por aquí para saludarte". Aunque subraya que esto no significa necesariamente que los usuarios crean que los difuntos pueden leer lo que escriben, es innegable que la práctica en sí hace eco tanto de la antigua interpretación egipcia de la escritura como medio para trascender el mundo de vivos como de tecnologías más recientes como el telégrafo y la televisión.

tecnocultural para el desarrollo actual: la muerte oculta de
la modernidad.[71] Todo lo que describa en este libro será

71. Aunque el horno crematorio en sí puede tener poca relevancia
para el advenimiento de la tecnología digital, ofrece una gran lente a
través de la cual entender el paisaje cultural y político —al que me he
referido como *régimen de vida*— donde se da la actual alteración de
los muertos. Este régimen es el telón de fondo sobre el cual debemos
interpretar la disrupción digital de nuestra forma de estar con los
muertos. Este es el puerto de donde partimos. Porque en la sociedad
de la información, la muerte y los muertos se han convertido de repente en todo lo que no eran en la modernidad. Aparecen y seguirán
apareciendo en todas partes: en nuestros teléfonos, nuestras redes
sociales y nuestros servidores. Sus rostros nos miran desde nuestras
pantallas como las caras de yeso de las calaveras natufianas. Tal como
las fotografías de la *Camera Lucida* de Barthes, ya no están y, sin
embargo, están inconfundiblemente *ahí*, aparentemente imposibles
de ocultar. La muerte, parafraseando a Parker Pearson, ya no se opo-
ne a la vida, sino que es una etapa en la continuación de la existencia.
Esta ruptura con la forma moderna de lidiar con los muertos es una
de las observaciones más comunes entre los científicos sociales que
estudian el tema, aunque no siempre se enmarca explícitamente como
una ruptura con la modernidad como tal. Los muertos ya no están
confinados a hospitales y cementerios, sino que permanecen entre
nosotros en nuestros espacios vitales cotidianos. En marcado contraste con el ideal moderno de "cerrar el duelo" y "dejar a los muertos partir" como destino último del duelo, los investigadores hablan
ahora de una "continuidad de los vínculos". Nuestras relaciones con
las personas no se terminan, sino que se *transforman* con la muerte.
Se convierten en "parasociales", lo que significa que la persona fallecida sigue siendo un punto de referencia e incluso el receptor previsto de acciones comunicativas. Como ilustra Kasket, entre otros, los
muertos siguen formando parte de sus redes sociales mucho después
de la desaparición de su cuerpo biológico. Será mejor que nos acostumbremos a ver este tipo de interacciones si se espera que más de
2.200 millones de personas fallezcan en las próximas tres décadas. Y
si los índices de penetración de Internet siguen aumentando al ritmo
actual, la mayoría de estos muertos dejará algún tipo de presencia
en la red. Como expongo con más detalle en el capítulo siguiente,
existe incluso una posibilidad realista de que los muertos superen en
número a los vivos en Facebook dentro de solo cuatro décadas, lo que

en contraste con ello. Por esa razón, me referiré a nuestro nuevo (¿o no tan nuevo?) modo de estar con los muertos como una condición posmortal, en homenaje a la noción de condición posmoderna de Jean-François Lyotard.[72] Posmortal, sin embargo, no significa que lo digital sea inmortal (de hecho, es excepcionalmente frágil), sino que la sociedad se desarrolla ahora en un ámbito que, bajo la modernidad, estaba reservado a los muertos: los archivos. En la era digital, donde registrar todo se ha convertido en la norma y el pasado es perfectamente portátil, vivimos en y a través de un registro casi perfecto del pasado. Hasta nuestras acciones más insignificantes dejan atrás algún rastro, y esos rastros constituyen ahora nuestro ambiente tan así como las casas y ciudades físicas en las que residimos.[73] Una vez más, estamos empezando a vivir rodeados por los muertos.

significa que nuestros lugares cotidianos de comunicación serán cada vez más "parasociales". Para gran consternación de hombres como Brunetti, Thompson y Jefferson, el barco de vapor de Mayakovski parece haber perdido velocidad, y los pasajeros no deseados están volviendo a subir. Al igual que la decisión de arrojarlos por la borda, nuestra forma de afrontar su regreso es una cuestión política.

72. Jean-François Lyotard, *The Postmodern Condition*, Manchester, Manchester University Press, 1984 [trad. esp.: *La condición postmoderna*, Madrid, Cátedra, 2020].

73. Quiero dejar en claro que no soy el primer investigador que señala que los muertos están presentes en Internet. Es una de las observaciones más comunes en la bibliografía de investigación. Sin embargo, lo que singulariza mi argumento es la consideración de esta nueva presencia como un cambio civilizatorio y un proceso que implica a toda la sociedad, y no solo a los deudos. La muerte y los muertos no son conceptos marginales para curiosos mórbidos o quienes estén de luto. Son categorías fundamentales del mundo social. Para leer más sobre los argumentos de otros que han observado la presencia de los muertos en línea, véanse Walter *et al.*, "Does the Internet Change

Esta es la historia de dónde estamos y cómo hemos llegado hasta aquí. Pero nada de esto determina cómo decidimos vivir con los muertos. Las culturas siempre encuentran sus propias maneras de lidiar con sus pasados, por lo que nuestras opciones en la cima de la era digital siguen tan abiertas como siempre. La cuestión es qué hacemos con los muertos ahora que emergen entre nosotros, y cómo tomamos esa decisión.

How We Die and Mourn?"; Kasket, *All the Ghosts in the Machine*; Brubaker y Vertesi, "Death and the Social Network"; Graham, Gibbs y Aceti, "Introduction to the Special Issue on the Death, Afterlife, and Immortality of Bodies and Data"; Pitsillides, Waller y Fairfax, "Digital Death".

2. Cómo pensar los restos digitales

Así que el más espantoso de los males, la muerte,
nada es para nosotros, puesto que mientras nosotros
somos, la muerte no está presente, y, cuando la
muerte se presenta, entonces no existimos.[74]

EPICURO

Me gusta tanto ver a Bruto en Plutarco como en él
mismo. Preferiría saber a ciencia cierta qué charlaba
en su tienda con alguno de sus amigos íntimos, en
la vigilia de una batalla, a saber las palabras que
pronunció al día siguiente ante su ejército; y lo que
hacía en su gabinete y en su habitación, a lo que
hacía en medio de la plaza y en el Senado.[75]

MICHEL DE MONTAIGNE

¿QUÉ SON LOS RESTOS DIGITALES?

EL 12 DE JULIO de 2018, el Tribunal Federal de Justicia de Karlsruhe, el más alto tribunal de derecho civil y penal de Alemania, tomó una decisión histórica. El caso se refería a la trágica historia de una

---

74. Epicuro, citado en Diógenes Laercio, *Lives of Eminent Philosophers*, vol. 2, trad. de Robert Drew Hicks, Cambridge, MA, Harvard University Press, 1925 [trad. esp.: *Vida de los filósofos ilustres*, Madrid, Alianza, 2007].

75. Michel de Montaigne, "On Books", en *Essays*, ed. de William Carew Hazlitt, trad. de Charles Cotton, Londres, Reeves and Turner, 1877, https://bit.ly/47MzYdo [trad. esp.: *Los ensayos*, trad. de J. Bayod Brau, VVEE].

niña de 15 años que había muerto arrollada por un tren en una estación de Berlín seis años antes. Ante la incapacidad de la policía para determinar si había sido un accidente o un suicidio, los padres en duelo se volcaron a la cuenta de Facebook de la chica en busca de claridad. ¿Habría algo en la correspondencia de su hija que pudiera darles alguna pista? Para su gran consternación, alguien ya había dado por muerta a la chica y había "conmemorado" su perfil, una función implementada por Facebook como opción para los perfiles de usuarios fallecidos (hablaré de ello en detalle en el tercer capítulo). Esto significaba que no se podía acceder a la información original del perfil, ni siquiera con la contraseña de la cuenta. Facebook se negó a abrir de nuevo el perfil, alegando en parte la privacidad de las personas con quienes la niña se había comunicado. Una sentencia inicial dio la razón a los padres, pero en 2017 un tribunal de Berlín revocó la sentencia y se puso del lado de Facebook. La sentencia final de 2018, sin embargo, la revocó y se puso del lado de los padres. Parte de la razón esgrimida fue que, si bien la Regulación General de Protección de Datos (RGPD) de la Unión Europea es una de las protecciones más sólidas en el mundo de la privacidad de los usuarios individuales, todos esos derechos se extinguen al momento de su muerte. Los muertos no tienen derecho a la intimidad. En su declaración final, el tribunal expresó que consideraba que las comunicaciones digitales no diferían de objetos físicos como las cartas o los diarios, y que, por tanto, los padres tenían derecho a heredar los restos digitales de su hija, incluidos los mensajes que le habían enviado otros usuarios de Facebook.

Este trágico episodio ilustra la complejidad de la gestión del derecho a la intimidad frente a la muerte. Pero también arroja luz sobre una cuestión más fundamental, a saber: ¿qué son exactamente los "restos digitales"?

En un sentido concreto, la respuesta es bastante obvia: los restos digitales son todos los datos que dejamos atrás: perfiles de Facebook, listas de reproducción y preferencias de Spotify, historiales de búsqueda en Google, registros de Zoom, correos electrónicos, avatares de videojuegos, registros de chat, fototecas, etc. Esto es justo, pero ni bien introducimos algún tipo de nombre común para referirnos a estas diversas formas de datos, nos adentramos en el terreno de lo metafórico. Cada vez que hablamos de lo intangible que aparece en nuestras pantallas, lo hacemos en referencia al mundo tangible que conocemos por nuestra experiencia táctil. En la "red", visitamos distintos "sitios" de los que podemos descargar "archivos" que ponemos en "carpetas" en nuestros "escritorios". No existe cosa semejante a un archivo físico dentro de tu computadora, y tu escritorio no corresponde a ninguna ubicación en su interior. Sin embargo, "archivo" y "escritorio" siguen siendo atajos útiles para pensar y estructurar la información que recibes del dispositivo.

La razón por la que necesitamos vincular el mundo intangible con los antecedentes tangibles es que estos últimos ya participan de un catálogo de protocolos sociales y culturales que sirven de instrucciones sobre cómo comportarse a su alrededor e interactuar con ellos. Sé que cuando me invitan a la habitación o la casa de alguien, la cortesía exige que siga sus normas. Por eso, cuando me invitan a una "sala" de Zoom, ya tengo una idea preconcebida de cómo comportarme cuando estoy "ahí adentro". A diferencia de lo que ocurre en un llamado telefónico, yo soy un "invitado" y otra persona será el "anfitrión", y aunque estos títulos puedan parecer arbitrarios, cumplen la función de ofrecer ciertas expectativas y responsabilidades (morales): un protocolo sobre cómo comportarse y actuar.

Lo mismo ocurre con los datos que dejamos tras nuestra muerte. Para poder siquiera empezar a hablar de nuestras responsabilidades, es decir, de lo que debemos hacer con ellas, debemos relacionarlas con algo concreto del mundo tangible. Solo entonces podremos empezar a darle sentido a nuestra situación. Hay razones para elegir nuestras metáforas con cuidado. Tal como las etiquetas de "anfitrión" e "invitado" conllevan ciertas expectativas y responsabilidades, la etiqueta que elijamos para los datos de los muertos también estructura nuestras responsabilidades éticas con respecto a esas personas. Por ejemplo, cuando el tribunal alemán se puso del lado de los padres en el caso anterior, lo hizo explícitamente en referencia a cómo tratamos objetos tangibles como los diarios y las cartas. Además, la bibliografía académica ha producido un vocabulario muy diverso para hablar de los datos de las personas fallecidas, incluyendo "fantasmas digitales", "herencias digitales", "restos humanos digitales", "ángeles en línea" y "zombis digitales", por nombrar solo unos pocos.[76] No es mi intención promover ninguno de ellos como mejor o peor que otro (ni siquiera la comparación del tribunal con los "diarios"). De hecho, creo que los fenómenos complejos

---

76. Eric Steinhart, "Survival as a Digital Ghost", en *Minds and Machines*, 17, pp. 261-271, 2007; Evan Carroll y John Romano, *Your Digital Afterlife*, Berkeley, New Riders, 2011; Debra J. Bassett, "Ctrl+ Alt+ Delete", en *Current Psychology*, 40, Nueva York, Springer, 2021; Tony Walter, "New Mourners, Old Mourners", en *New Review of Hypermedia and Multimedia*, 21, Londres, Taylor & Francis, 2014; Patrick Stokes, "Deletion as Second Death", en *Ethics and Information Technology*, Heidelberg, Springer, 2015.

como la intervención sobre los cimientos de la civilización (me refiero a nuestra relación con los muertos) requieren más herramientas conceptuales, no menos. Sin embargo, hay dos metáforas que son clave para el argumento más amplio que plantea este libro: el cuerpo y la enciclopedia. La primera porque ofrece un puente hacia los debates actuales sobre el daño póstumo; la segunda porque ilustra la naturaleza inevitablemente colectiva de los restos digitales. Analicemos más de cerca a cada una.

COCHES FANTASMA Y ROBOTS DE ORACIÓN

Hay un clip de YouTube subido por PBS Game/Show titulado "¿Pueden los videojuegos ser una experiencia espiritual?". El contenido del video en sí es insignificante, al menos para el propósito de este libro. Pero en uno de los 2.385 comentarios publicados en el video al momento de escribir estas líneas, el usuario oowartherapyoo comparte un episodio de su vida que pone de relieve un aspecto central de cómo la tecnología digital configura nuestra relación con los muertos. Lo cito textualmente a continuación:

> Bueno, cuando yo tenía 4 años, mi padre me compró una Xbox. Ya saben, la primera, robusta y cuadrada de 2001. nos divertimos muchísimo jugando juntos a todo tipo de juegos… hasta que murió, cuando yo tenía apenas 6 años.
>
> No pude tocar esa consola durante 10 años. pero una vez que lo hice, me di cuenta de algo.
>
> Solíamos jugar a un juego de carreras, Rally Sports Challenge, que era bastante impresionante para la época en que salió.

Y una vez que empecé a jugar... encontré un fantasma. Literalmente.

¿Sabían que, cuando corres una carrera cronometrada, la vuelta más rápida hasta el momento se registra como piloto fantasma? sí, adivinaron: su fantasma sigue corriendo por la pista hoy en día.

Y así jugué y jugué, y jugué, hasta que casi fui capaz de vencer al fantasma. hasta que un día me adelanté a él, lo superé, y...

Me detuve justo delante de la línea de llegada, solo para asegurarme de no borrarlo.

Esta historia, sencilla pero conmovedora, tocó una fibra sensible. Al momento de escribir estas líneas, el comentario tiene más de veintiséis mil "me gusta" y casi quinientos subcomentarios que lo celebran. Incluso sirvió de base para un cortometraje del cineasta estadounidense John Wikstrom.[77]

Parte de lo que vuelve tan intrigante a este comentario es que la historia de oowartherapyoo es más que un comentario sobre la dimensión espiritual de los videojuegos. También ilustra la naturaleza interactiva de nuestras huellas digitales. Diez años después de la muerte del padre, una esquirla de su agencia sigue presente, congelada como un cristal dentro de la consola. Aunque haya adoptado la forma de un avatar de juego de computadora, todavía es posible competir con él, como si recién hubiera empuñado el control. Dejemos a un lado los aspectos metafísicos: el padre sigue ahí, en lo que respecta al hijo.

---

77. El cortometraje *Player Two*, de John Wikstrom, puede verse en https://bit.ly/3JyAwcE.

El coche fantasma en Rally Sports Challenge contiene solo un rastro cristalizado del individuo que una vez fue el padre de oowartherapyoo, e incluso uno bastante simplificado. Apenas nos dice algo sobre quién fue, salvo quizá que fue piloto de carreras de videojuegos. En cambio, los rastros dejados incluso por el más modesto internauta contienen un torrente de información, que podría incluir materiales completamente desconocidos por el usuario (como cookies y datos de geoposicionamiento), y probablemente algunas cosas que no querría que nadie viera jamás (creo que la mayoría de la gente no querría que sus hijos heredaran sus historiales de búsqueda). Pero, tal como el coche fantasma de Rally Sports Challenge guarda un fragmento del juego del padre fallecido, tus datos se convierten en una huella de ti. Tu perfil en las redes sociales encarna tu forma de socializar: cómo hablas, la frecuencia con la que te pones en contacto con la gente y con quién, la rapidez con la que respondes a los mensajes y si tiendes a ignorarlos durante un tiempo, en qué hipervínculos sueles hacer clic y cuáles pasas de largo, y así. Tus listas de reproducción revelan qué tipo de música escuchas y cuándo. Los datos de tu tarjeta de crédito dicen mucho sobre qué te lleva abrir la billetera. Lo que ves en YouTube da una idea bastante precisa de lo que capta tu atención. Y hay muchos datos de este tipo. En 2020, la producción mundial de datos per cápita fue de 1,7 MB por segundo.[78] No todos esos datos son personales, por supuesto, y la mayoría se borran casi inmediatamente

78. Aditya Rayaprolu, "How Much Data Is Created Every Day in 2023?", en *Techjury* (blog), 27 de febrero de 2023, https://bit.ly/4nn54Nd.

después de generarse. Pero la cifra da una idea, aunque sea vaga, de la cantidad de información que dejamos atrás.

Sin embargo, hay una diferencia para nada trivial entre la carrera del videojuego y los datos "en bruto" que la gente deja en la web. La primera es un software interactivo que "anima" las acciones de los muertos; los segundos permanecen congelados tal como se los dejó. Sin embargo, la diferencia es cada vez más difusa. En 2016, la programadora rusa de IA Eugenia Kuyda anunció el lanzamiento de una nueva aplicación en la que había estado trabajando llamada *Roman Mazurenko. A Digital Avatar*. Mazurenko era un amigo íntimo de Eugenia que había fallecido en un trágico accidente automovilístico un año antes, dejando atrás unas 8.000 líneas de mensajes de texto que había enviado solo a Eugenia. Eugenia decidió que la mejor forma de honrar a su amigo era preservarlo en forma de robot interactivo. Basándose en su proyecto de IA Luka, utilizó su correspondencia con Roman para entrenar a una entidad interactiva para que se comportara, si no exactamente como Roman, al menos como una versión de él, un fragmento de su personalidad. Al día de hoy, sigue disponible en la App Store. Y al igual que el coche fantasma que preservó al padre de oowartherapyoo como piloto de carreras, aún conserva un fragmento de Roman Mazurenko, al menos como interlocutor de mensajes de texto. A medida que nuestras huellas digitales crecen y los medios tecnológicos se vuelven cada más accesibles —Google ha puesto a disposición del público el sistema de aprendizaje automático TensorFlow, que ayudó a reproducir a Roman— han surgido muchos ejemplos similares, desde encuentros de realidad virtual con niños fallecidos hasta redes sociales para los muertos. En el próximo capítulo hablaré más sobre estos temas, pero por ahora basta con señalar que los restos digitales se vuelven cada vez más animados.

No toda automatización de la presencia póstuma de una persona tiene que usar tecnología de punta, de cualquier modo. Para ilustrarlo, permítanme que me detenga un momento en el caso de las aplicaciones islámicas de oración, que son cada vez más populares. El plan de negocios de estas aplicaciones es tan sencillo como innovador. Los musulmanes suelen realizar súplicas religiosas (دُعَاء, du'a), una petición humilde para que se produzca un acontecimiento o se cumpla un deseo. Los creyentes pueden redactar sus propias súplicas personales, pero también hay una serie de ejemplos en el Corán entre los que pueden elegir. A diferencia de la oración obligatoria cinco veces al día que suele asociarse al islam, las súplicas pueden automatizarse, o al menos eso sostienen las aplicaciones. El sitio Du3a.org, sobre el que conduje un estudio en 2018, es un ejemplo típico: la página principal del sitio presenta algunas citas coránicas y oraciones populares, y una barra lateral invita a los visitantes a compartir el sitio en diferentes redes sociales como Facebook y Pinterest, afirmando que veintiséis millones de visitantes ya lo han hecho. Pero quizá lo más destacado sea el botón que pide a los visitantes que se suscriban al servicio. Al hacerlo, los visitantes son redirigidos a X (antes Twitter), donde se les pide que autoricen a Du3a.org para utilizar su cuenta y publicar en su nombre. Si el visitante acepta, Du3a.org comienza a publicar automáticamente una súplica de menos de 140 caracteres desde su cuenta cada dos horas, junto con una URL del sitio (y, hasta hace poco, un emoji de "reciclaje"). Según nuestro estudio, hay al menos diez sitios con modelos de negocio similares al de Du3a.org, aunque algunos de los competidores ofrecen opciones más avanzadas. Athantweets.com, por ejemplo, ofrece una versión premium que, por 100 riyales saudíes (unos 27 dólares) al año, permite que los usuarios elijan súplicas específicas (en lugar de las generadas aleatoriamente) y sincronizar los tuits con sus horarios de oración locales. Los tuits enviados a través de este paquete también ocultan la URL de Athantweets, lo que los hace prácticamente indistinguibles de cualquier otro tuit de contenido islámico, e inidentificables para los programas de detección de bots. En un mismo día, un usuario puede publicar un tuit sobre política, otro con una súplica y un tercero quejándose de las largas colas en el control de seguridad del aeropuerto. Para el público no familiarizado, no habría ninguna posibilidad de saber que solo el primero y el último fueron publicados por el propio usuario, mientras que el del medio fue publicado por un programa.

Todo esto puede parecer bastante desconcertante para los lectores laicos, pero ¿qué tiene esto que ver exactamente con los muertos? La respuesta está en la escatología islámica. A diferencia de muchas otras religiones, el islam sostiene que en el tiempo que transcurre entre la muerte de una persona y el día del juicio final hay una serie de factores que pueden enaltecer la posición de esa persona a los ojos de Dios. Según uno de los principales hadices islámicos (una forma de testimonio religioso canónico sobre lo que dijo e hizo Mahoma que no forma parte del Corán), el Profeta Mahoma mencionó específicamente tres de estas cosas: los efectos continuos de la caridad, la provisión de conocimiento para que las generaciones futuras y tener descendientes virtuosos que recen por ti.[79] Como contribuir a la difusión del islam en línea se considera un bien en sí mismo, es menos importante si alguien realiza la actividad que el conocimiento que uno ayuda a difundir. Así, crear una aplicación para publicar súplicas en nombre propio después de morir podría aumentar las posibilidades de tener una buena existencia en el más allá. No es muy diferente de la versión islámica de las indulgencias católicas, solo que las oraciones son enviadas por bots de redes sociales en lugar de pronunciadas por el clero. Para nuestra sorpresa, descubrimos que casi todas las aplicaciones islámicas de súplica insisten explícitamente en este aspecto, comercializando su producto con referencias a la vida después de la muerte. El lema de Zad-Muslim.com, por ejemplo, dice "Regístrate ahora para que tu cuenta tuitee ahora y después de tu muerte", y Du3a.org promete que "tu cuenta tuiteará en tu vida y en tu muerte", por citar apenas dos ejemplos. Durante el estudio ya mencionado, descubrimos incluso cuentas dedicadas exclusivamente a reforzar la piedad póstuma con parientes fallecidos.

Sin embargo, nuestra mayor sorpresa no fue la frecuencia de las referencias al más allá, sino la propagación del fenómeno. Du3a.org es, estimamos, una de las mayores aplicaciones islámicas de oración, y también una de las más fáciles de estudiar, ya que incluye la misma URL en cada tuit que publica desde los perfiles de los usuarios. Utilizando el torrente de Twitter, que da acceso a todo lo publicado en la plataforma (bajo ciertos criterios) durante una ventana de tiempo determinada, mis coautores y yo descargamos todos los tuits que contenían la URL de

79. Ibn Rajab Al-Hanabali, *The Three That Follow to the Grave*, Birmingham, Dar As-Sunnah, 2016.

Du3a.org durante un lapso de cuarenta y ocho horas. En esos dos días, nuestra aplicación recopiló nada menos que 3,8 millones de tuits: 1,9 millones al día (¡!). Permítanme ponerlo en contexto. Cuatro años antes de que recopiláramos los datos de Du3a.org, un informe estimaba que todo el Twitter de habla árabe producía aproximadamente 17,2 millones de tuits al día, lo que significa que Du3a.org por sí solo habría publicado aproximadamente uno de cada diez tuits publicados en árabe (siempre que esta estimación siguiera siendo relevante).[80] Durante la Primavera Árabe, el día que dimitió el presidente egipcio Hosni Mubarak, el hashtag #egypt recibió alrededor de 205.000 tuits. Y eso fue en su día de mayor actividad. También se puede comparar la popularidad de Du3a.org con otras formas de contenido automatizado. Por ejemplo, en las elecciones estadounidenses de 2016, cuando una parte importante de la atención popular se centró en el papel de las cuentas automatizadas, un estudio de los científicos de datos Alessandro Bessi y Emilio Ferrara estimó que unos 3,8 millones de tuits sobre temas políticos fueron publicados desde cuentas automatizadas en la semana previa a la jornada electoral (un promedio de unos 540.000 tuits al día).[81] En otras palabras, según nuestro análisis, una sola aplicación de oración automatizada generó tantos tuits en dos días como todas las cuentas automatizadas en conjunto sobre las elecciones presidenciales estadounidenses de

80. Arab Social Media Report, "Twitter in the Arab Region".

81. Alessandro Bessi y Emilio Ferrara, "Social Bots Distort the 2016 U.S. Presidential Election Online Discussion", en *First Monday*, 21(11), Chicago, Universidad de Illinois, 2016.

2016 en la semana previa a los comicios.[82] Pero Du3a.org sigue publicando todos los días del año, y no es más que una entre muchas aplicaciones similares. Nadie conoce el número total de tuits que generan estas aplicaciones, sobre todo porque algunas de ellas no dejan rastro de automatización. Pero incluso el tráfico de Du3a.org por sí solo es suficientemente grande como para afectar las métricas de toda la plataforma y poco a poco este tráfico está siendo publicado cada vez más por cuentas que pertenecen a usuarios fallecidos. En un par de décadas, los muertos podrían ser los responsables de uno de los mayores fenómenos sociales en X (Twitter), al menos en cuanto al volumen de publicaciones.

Las aplicaciones islámicas de oración demuestran que una presencia digital automatizada en el más allá no tiene por qué ser necesariamente de alta tecnología. Algunos aspectos de la presencia social o religiosa pueden automatizarse con relativa simpleza y, sin embargo, garantizar (al menos la promesa de) una presencia eterna. También demuestran que podemos responder afirmativamente a la pregunta de PBS Game/Show: los videojuegos, y sobre todo las redes sociales, pueden ser una experiencia espiritual. Para los usuarios de aplicaciones islámicas de oración, evidentemente lo es. El fenómeno del más allá digital, por tanto, no se limita a unos pocos entusiastas de la tecnología de Silicon Valley. Es un fenómeno espiritual de baja tecnología en todo el mundo. Además, tal como el coche fantasma de Xbox, las aplicaciones islámicas de oración ilustran que los restos informativos no son

82. Cabe señalar que al momento de nuestro estudio, Du3a publicaba un tuit cada hora. Ahora parece haber ralentizado el ritmo de publicación a cada dos horas.

mera materia putrefacta, sino que siguen actuando en los mundos sociales de nuestros descendientes. Pero ¿cómo deberíamos pensar en estas agencias? ¿Qué son? ¿Y en qué se convertirán a medida que nuestras tecnologías y los datos que recopilan sean cada vez más sofisticados y exhaustivos? Se trata de grandes preguntas, arraigadas en nuestra propia comprensión de la naturaleza de los datos. Hay que responderlas antes de examinar sus implicancias éticas y políticas.

EL CADÁVER INFORMACIONAL

Para algunos, es sencillo: la tecnología de la automatización es el primer paso hacia la inmortalidad digital. La IA que la impulsa no es meramente metafórica, es el germen de una réplica completa del cerebro humano. Pronto nuestros datos personales serán tan completos y nuestra IA tan sofisticada que la desaparición de nuestro cuerpo biológico será un mero detalle.

Los que defienden este punto de vista suelen autodenominarse "transhumanistas".[83] El transhumanismo es, en palabras de su defensor más destacado, el filósofo Nick Bostrom, un movimiento que "promueve un acercamiento interdisciplinario a la comprensión y evaluación de las

83. Los transhumanistas son partidarios de solo una de las corrientes de pensamiento entrelazadas que buscan alcanzar la vida eterna. Otros se llaman a sí mismos "inmortalistas"; algunos prefieren "extropianistas". Para una visión profunda y amplia de cómo encajan estos diversos movimientos y cómo se vincula el sueño de la "carga mental" con otras tecnologías de prolongación de la vida, véase la etnografía de Abou Farman *On Not Dying*, Minneapolis, Universidad de Minnesota, 2020. Sin embargo, este punto de vista no cabe en el objetivo inmediato de este libro, por lo que no me extenderé en detalle sobre estas cuestiones.

oportunidades para mejorar la condición y el organismo humanos posibilitados por el avance tecnológico".[84] En otras palabras, para los transhumanistas, la revolución tecnológica reciente marca el principio del fin de la especie humana tal y como la conocemos. En un sentido muy literal, sostienen que deberíamos ver nuestras nuevas tecnologías como un puente hacia lo que llaman lo "poshumano", una existencia radicalmente mejorada que supera con creces la imaginación de los cerebros contemporáneos. En el centro de la visión transhumanista de lo poshumano está la perspectiva de la "carga mental",[85] que supuestamente conducirá a una forma de "inmortalidad digital". Similar a la teoría espiritualista sobre el acceso electrónico al mundo del más allá, la idea transhumanista es que el cerebro humano, interpretado como un procesador biológico de información, puede emularse digitalmente, y que la mente de una persona puede cargarse posteriormente a una máquina que sustituya la infraestructura biológica del cerebro por otra incorpórea y sintética. Bostrom escribe:

> Un tipo de actualización más radical sería posible si supusiéramos una visión computacional de la mente. Entonces sería posible cargar una mente humana en una computadora, replicando en silicio los minúsculos procesos computacionales que normalmente tendrían lugar en un cerebro humano. Poder cargar la mente como un archivo digital tendría potencialmente muchas ventajas, como la capacidad de hacer copias de seguridad de uno

84. Nick Bostrom, "Transhumanist values", en *Ethical Issues for the 21st Century*, ed. de Frederick Adams, Charlottesville, Philosophical Documentation Center Press, 2005, pp. 3-14.

85. En inglés "*mind upload*", como subir un archivo a la nube. [N. del T.]

mismo (lo que repercutiría favorablemente en su esperanza de vida) y transmitirse a sí mismo como información a la velocidad de la luz.[86]

¡Suena genial! Y algunos transhumanistas creen que esas tecnologías de carga mental estarán disponibles en el futuro previsible. Un ejemplo ilustrativo es la teoría de los "clones mentales" de la empresaria y escritora Martine Rothblatt.[87] Los clones, explica Rothblatt, "son archivos mentales utilizados y actualizados por un dispositivo configurado para ser una réplica funcionalmente equivalente de la mente de una persona". Cuando una persona clonada de este modo muere, su clon mental "no sentirá que ha muerto personalmente, extrañará su cuerpo tal como los amputados extrañan sus miembros perdidos, pero se aclimatan cuando reciben un sustituto artificial". Algunos transhumanistas sostienen que este tipo de inmortalidad posibilitada por la tecnología no solo será posible, sino también suficientemente barata como para estar al alcance de las masas. El filósofo Eric Steinhart, por ejemplo, prevé que en menos de cincuenta años los "fantasmas digitales", que serán "tanto conscientes como autoconscientes", habitarán la web de a millones, cambiando así el paisaje en línea hasta volverlo irreconocible.[88]

Quédense tranquilos, todo esto es absurdo. A pesar del término antropomorfizante de "inteligencia artificial", la IA desarrollada en las dos últimas décadas tiene

86. Nick Bostrom, "Transhumanist values".

87. Martine Rothblatt, *Virtually Human,* Nueva York, St. Martin's Press, 2014, p. 10.

88. Eric Steinhart, "Survival as a Digital Ghost", en *Minds and Machines,* 17, 2007, pp. 261-271.

muy poco en común, si es que siquiera comparte algo, con la cognición o la inteligencia humanas.[89] Cuando decimos que la IA se está volviendo "más inteligente" o que está desarrollando tal o cual capacidad cognitiva, lo que queremos decir en la mayoría de los casos no es que se esté pareciendo cada vez más a un cerebro humano, sino que estamos *disociando* cada vez mejor tareas sofisticadas, como el procesamiento del lenguaje natural o jugar a algún juego de mesa, de la inteligencia como solemos comprenderla. Muchas de las capacidades que considerábamos la forma más elevada de inteligencia, como la aritmética y la lógica, han resultado ser fácilmente reproducibles incluso por la máquina más tonta, mientras que crear una máquina que comprenda incluso el sentido común más básico sigue siendo inalcanzable. Las máquinas no son como las personas. Por eso, no importa en qué se conviertan nuestros datos después de la mente, no se parece en nada a un "clon mental" o una conciencia artificial. Por muy emocionante que resulte debatir estos proyectos, en última instancia le restan atención a problemas más urgentes. Si nos dedicamos exclusivamente a analizar las implicaciones de distintos escenarios de ciencia ficción, no habrá tiempo para los verdaderos escenarios más plausibles que nos esperan a la vuelta de la esquina. Y este libro trata de estos últimos.

Pero sin duda, todavía debe haber *algún tipo* de vínculo entre la persona fallecida y sus datos animados. Aunque las máquinas no puedan volvernos inmortales,

---

89. Para leer más sobre la crítica al antropomorfismo en la inteligencia artificial, véase David Watson, "The Rhetoric and Reality of Anthropomorphism in Artificial Intelligence", en *Minds and Machines*, 29, 2019, pp. 417-440.

está claro que la tecnología digital cambia *algo* en el hecho de estar muerto, ¿no? Y aquí es donde la metáfora del *cuerpo* resulta útil. Esta forma metafórica de entender los datos personales se atribuye a menudo al filósofo Luciano Floridi, a quien presenté en el primer capítulo, aunque rara vez la utiliza explícitamente.[90] En resumen, Floridi distingue entre dos formas de concebir los datos personales, de los cuales defiende el segundo. El primer enfoque, típicamente asociado a la tradición estadounidense, considera a los datos personales como algo que *nos pertenece*, como un auto. Si alguien accede ilícitamente a mis datos, la violación puede, desde esta perspectiva, equipararse a un allanamiento o a un robo. Esto tiene la ventaja de situar la protección de datos dentro del derecho a la propiedad, un ámbito muy bien regulado, lo que facilita su operatividad. (La sentencia del tribunal alemán citada en la introducción de este capítulo es un ejemplo típico de este enfoque). El inconveniente, como veremos, es que no capta aspectos centrales de nuestra relación con la información, tanto a nivel metafísico como ético.

El otro punto de vista, el que defiende Floridi, suele estar asociado a la concepción europea de la privacidad. Considera los datos personales como algo constitutivo de nuestra personalidad, algo que *somos*, como una mano, y no meramente una posesión. Permítanme que me explaye, por si esto no sonara muy intuitivo. Si alguien le hace algo a tu auto, puede que te enojes y quizá sufras una pérdida económica, pero en última instancia no afectará a quién eres o a quién consideras ser. En cambio, lo que alguien hace con tus datos, te lo hace *a ti*. Por ejemplo, tu

90. Este concepto lo introduce Floridi en "The informational Nature of Personal Identity", pero no se usa explícitamente en esta instancia.

ser biológico (es decir, tu cuerpo) está literalmente constituido por el ADN de tus células, la formación genética que te hace ser tú. Eso es lo que *eres*, y lo es más allá de si está inscrito en proteínas, en papel o en un código informático. Cuando alguien manipula tus datos biométricos, está manipulando una parte de tu cuerpo. Si alteran, modifican o difunden esos datos, están interfiriendo en tu ser (biológico), violando la integridad de tu cuerpo informacional. Lo mismo ocurre con tu ser social. Los datos sobre tus hábitos —con qué frecuencia te duchas, qué tipo de productos cosméticos utilizas, con quién te mensajeas, en qué haces clic— constituyen información que te define como persona. No son meros datos *sobre* un objeto que eres tú, sino fragmentos de información que, combinados, *constituyen* aquello a lo que la gente se refiere cuando habla de la persona que eres tú. Son partes de una narrativa más amplia que te ayuda a ti y a los demás a distinguirte de otras personas. La pregunta "¿Quién es X?" siempre se responderá con alguna secuencia única de información, ya sea en forma de código genético o de narración de acciones a lo largo del tiempo. En otras palabras, lo mejor sería considerar que nuestro cuerpo consiste de información e, inversamente, que nuestra información es análoga a nuestro cuerpo, es decir, que es *un cuerpo informacional*. ¿Qué tiene esto que ver con los muertos? Todo. Hay pocas, si hay siquiera alguna otra metáfora que capte mejor la situación de los restos digitales que la del cuerpo informacional de Floridi. Porque si llevamos la metáfora un paso más allá, descubriremos que los datos que dejamos atrás al morir pueden considerarse nada menos que un *cadáver informacional*. Cuando hablamos de restos digitales, deberíamos interpretar el término literalmente como una forma de restos humanos. El *corpus* de información que queda tras la muerte no solo es análogo al cadáver desde el punto de vista etimológico, sino también conceptual. Nadie ha analizado esta relación más meticulosamente que el filósofo australiano Patrick Stokes.[91] Una de las distinciones más importantes que Stokes pone de relieve es la que existe entre el *yo* y la *persona*. El *yo*, según Stokes, se refiere a la experiencia subjetiva de ser una persona, es decir, a nuestra conciencia. Esta parte de lo que somos termina absolutamente cuando muere el cuerpo biológico. Por muy convincente que llegue a ser el robot Roman de Eugenia Kuyda, no hay tal cosa como una experiencia subjetiva de ser un sistema de aprendizaje automático y, en este sentido, Roman ya no existe. Una *persona*, en cambio, es el *objeto narrativo* al que nos referimos cuando hablamos de alguien (incluidos nosotros mismos) en tercera persona, un cuerpo de información que se mantiene unido a lo largo del tiempo. Los datos personales, por tanto, deben considerarse una forma de "carne digital", y esta parte de lo que somos no desaparece en el momento de la muerte, sino que sigue viva *mientras nuestra información persista*. De hecho, como vimos en el capítulo anterior, la información personal suele estar contenida en espacios distintos del cuerpo biológico: en la mente y los recuerdos de otras personas, así como a través de diversas formas de tecnologías informáticas en

91. Patrick Stokes, "Deletion as second death: the moral status of digital remains", en *Ethics and Information Technology*, Heidelberg, Springer, 2015, pp. 237-348; "Temporal Asymmetry and the Self/Person Split", en *Journal of Value Inquiry*, 51(2), Heidelberg, Springer, 2017; "Ghosts in the Machine: Do the Dead Live on in Facebook", en *Philosophy & Technology*, Heidelberg, Springer, 2011, pp. 367-379.

las que grabamos nuestro ser. Por tanto, pase lo que pase con nuestra conciencia después de la muerte, es evidente que las *personas* sobreviven a sus cuerpos.

Es por esto que las nuevas tecnologías de la información suelen asociarse con los muertos, porque permiten que una parte más grande de la persona siga viva, exponiendo aún más la brecha entre la persona y el yo. Recordemos, por ejemplo, la reflexión de Barthes sobre la naturaleza de la fotografía. Cuando Barthes escribe que la fotografía es una "astuta disociación de la conciencia de la identidad", está subrayando básicamente la misma distinción que Stokes, solo que de forma más poética y quizá menos formal. Pero el significado es el mismo. La tecnología de la información disloca la información que constituye nuestra persona del único hardware sobre el cual puede funcionar un sujeto consciente: el cuerpo biológico. En otras palabras, la condición ontológica de los restos digitales de los muertos debe considerarse análoga a la de un cuerpo biológico: un cadáver informacional, constitutivo de una persona, aunque no de un yo. En esto, los transhumanistas tienen razón. Las tecnologías digitales ofrecen una forma de inmortalidad, o al menos una prolongación de la propia personalidad, aunque el bien derivado de esa existencia no puede experimentarse porque no hay un yo subjetivo, solo un cadáver informacional. Las tecnologías de automatización digital y la IA pueden reanimarlo, hacerlo hablar, moverse o incluso jugar a un videojuego, pero inevitablemente sigue siendo un cadáver. Nada en él puede "vivir para siempre" más allá del sentido metafórico.

¿SE PUEDE HACER DAÑO A LOS MUERTOS?

¿Dónde nos sitúa todo esto en cuanto a lo que *deberíamos* hacer con los muertos (digitales)? Una de las ventajas de considerar los restos digitales como una forma de cadáver informacional es que nos ofrece un protocolo ya disponible en nuestra cultura sobre cómo tratarlos adecuadamente. Un cadáver no es una mera posesión de sus herederos. En casi todas las culturas conocidas, sigue siendo una entidad con derecho a su propio valor intrínseco. Cuando una persona muere, es asunto de toda la comunidad, incluso de la *raza humana como tal*, velar por su descanso. A menos que sean completos monstruos, incluso los ejércitos rivales dejan que sus enemigos recojan y se ocupen de sus muertos.

Pero esto no responde a la pregunta fundamental de por qué es *racional* ocuparse de los cadáveres. El hecho cultural de que *nos preocupemos* no justifica por qué *debemos* preocuparnos. Por cierto, no todos los filósofos están de acuerdo. Ya en el siglo IV a. C., el filósofo Diógenes el Cínico sostenía que los muertos (y sus cuerpos) están fuera del ámbito de la consideración moral. Hombre de palabra, llegó a afirmar que, tras su muerte, deseaba que su cuerpo fuera arrojado por encima de las murallas de la ciudad para ser devorado por las bestias. Cuando le preguntaron si no le molestaría ese trato infame, respondió que no le importaría, "¡siempre y cuando me dejen un palo para ahuyentar a las bestias!". Cuando le preguntaron cómo ahuyentaría a los animales si estaba muerto y carecía de conciencia para controlar su cuerpo, se supone que respondió: "¿Entonces por qué me importaría que me devoren si no puedo sentirlo?".[92]

Algunos pueden considerar a Diógenes más bien un artista que un filósofo serio. Al fin y al cabo, es conocido como "el perro". Pero lo cierto es que era muy respetado en su época, y varios filósofos más convencionales tomaron inspiración de sus argumentos. Epicuro, por ejemplo, también sostenía que no había nada que temer de la muerte: "Si yo soy, la muerte no es. Si la muerte es, yo no soy. ¿Por qué habría de temer lo que solo puede existir cuando yo no?".[93] Dado que tanto el cuerpo como el alma son entidades materiales, razonaba, el alma debe desaparecer por completo cuando el cuerpo se descompone. Puesto que ni el alma ni (eventualmente) el cuerpo existen después de la muerte, sencillamente no hay nada que pueda dañarse luego, ya que, según la ética hedonista de Epicuro, "el bien" debe, por definición, ser experimentado por un sujeto consciente. Sin un sujeto (material) que lo experimente, el bien no puede ser. Por tanto, ni el bien ni su ausencia pueden afectar a los muertos, puesto que ya no existen.[94]

Si aceptamos esta distinción entre persona y yo, la argumentación de los filósofos antiguos parece al menos parcialmente errada: Las personas sobreviven a la

92. Marco Tulio Cicerón, *Tusculan Disputations*, trad. de C. D. Yonge, Nueva York, Harper & Brothers, 1877, recuperado del Proyecto Gutenberg, 2005, https://bit.ly/46b1FuU [trad. esp.: *Disputaciones tusculanas*, Barcelona, Gredos, 1990, inc. 1.43].

93. Citado en Diógenes Laercio, *Lives of Eminent Philosophers*, Cambridge, Harvard University Press, 1925.

94. Este argumento se ha refinado y desarrollado durante milenios. Hoy es conocido entre los filósofos analíticos como la *tesis de la terminación*. Véase Fred Feldman, "The termination thesis", en *Midwest Studies in Philosophy*, 24(1), 2000, pp. 98-115.

desaparición del cuerpo biológico en la medida en que hayan sido inscritas en objetos externos. Pero ¿es la condición de persona suficiente para ser destinatario de un daño? Está claro que Epicuro y Diógenes no pensaban así, pero muchos otros han presentado argumentos para demostrar que sí. En este libro me limitaré a destacar uno de ellos, a saber, la noción de *hechos de daño* del filósofo inglés Thomas Nagel.[95] Para Nagel, algunos bienes y males son "irreductiblemente relacionales" en el sentido de que podemos entenderlos como *hechos* y no como *estados*. Los estados de daño son cosas como el dolor, la decepción, la depresión, la pérdida, etc., básicamente males que deben ser experimentados para tener efecto. Los hechos de daño, en cambio, son malos independientemente de si se experimentan o no. Por ejemplo, el hecho de que a uno lo hayan traicionado es negativo independientemente de que uno sea consciente de ello, mientras que el *estado* de dolor solo es negativo en la medida en que se experimenta. A una persona le interesa no ser engañada o humillada, tanto si lo descubre como si no, porque el respeto es mejor que su falta. Esto, argumenta Nagel, implica que la fortuna o desgracia de una persona no están limitadas a la duración de su vida. Porque, si el principal argumento para no tener en cuenta la condición moral de los muertos es su incapacidad de tener *experiencias* negativas, entonces cualquier daño que sea efectivo independientemente de si puede o no ser experimentado afecta subjetivamente también a los muertos. De hecho, los límites de una vida son, según Nagel, "comúnmente cruzados por las desgracias de ser engañado, despreciado o traicionado". Esto explica qué es lo malo de, digamos, romper una promesa hecha

95. Thomas Nagel, "Death", en *Noûs*, 4(1), Medford, Wiley, 1970.

a un moribundo: es una "injuria al muerto", porque lo dañino es el *hecho* de ser traicionado, más que el *estado* de traición (como sería, por ejemplo, el disgusto emocional que pudiera producir).

Considero que esta distinción de Nagel es la objeción más fuerte contra el argumento hedonista de Epicuro y Diógenes.[96] Sin embargo, el concepto de "hechos de daño" no es particularmente útil en la vida cotidiana. No conecta exactamente la ética de los restos digitales con ningún protocolo del mundo tangible. Por lo tanto, para nuestro debate actual, sugiero que interpretemos los hechos de Nagel como violaciones del derecho de una persona muerta a ser tratada como *persona*. En otras palabras, como violaciones de lo que suele entenderse como *dignidad humana*. Admito que la dignidad humana es un concepto bastante escurridizo. La definición más común se deriva de la ética de Immanuel Kant, según la cual todos los humanos son miembros de lo que él llama "el reino de los fines" en virtud su capacidad autónoma de razonamiento moral (actual, potencial o previa). Esto significa que los seres humanos son esencialmente fines en sí mismos, que no pueden medirse, sopesarse ni compararse con ninguna otra cosa. La dignidad de una persona está, como sostiene Kant, "por encima de todo precio", lo que significa que los seres humanos nunca deben ser tratados

---

96. Una digna competidora, sin embargo, es desarrollada con una minuciosidad considerable por Joel Feinberg en "The Rights of Animals and Unborn Generations", en *Philosophy & Environmental Crisis*, Athens, University of Georgia Press, 1974, pp. 43-68.

únicamente como medios para un fin.[97] Pero esto no ofrece mucha orientación práctica.

Las distintas culturas tienen ideas diferentes sobre cómo debe tratarse a un ser humano. El Libro III de Heródoto contiene un episodio ilustrativo y muy citado. Cuenta que cuando Darío era rey de Persia, un imperio verdaderamente multicultural, convocó a los helenos locales a su corte y les preguntó cuánto dinero pedirían a cambio de comerse los cadáveres de sus padres, en lugar de cremarlos. Naturalmente, los helenos respondieron que nunca lo harían, sin importar cuánto dinero les ofrecieran. Darío convocó entonces a la tribu caníbal de Kallatiai y les preguntó por qué precio cremarían los cadáveres de sus padres en lugar de comérselos. Tal como los griegos, clamaron que nunca cometerían semejante atrocidad, sin importar qué les ofrecieran. En esta narración, tanto los kallatiai como los helenos apelan a la dignidad humana en su respuesta a Darío, aunque saquen conclusiones opuestas sobre cómo tratar a los muertos. Aun así, nuestra conclusión no debería ser que la dignidad es un concepto inútil, sino que quizá sea mejor entenderla como una *actitud* que como una práctica diferenciada. Ser humillado o degradado es una agresión a la dignidad de una persona (viva o muerta), un hecho universal de daño, pero qué tipo de trato califica como humillación es una contingencia cultural inevitable. La cuestión es que, al igual que los helenos y los kallatiai, tenemos protocolos culturales preestablecidos para expresar esta actitud.

97. Immanuel Kant, *Groundwork of the Metaphysics of Morals*, Cambridge, Cambridge University Press, 1998 [trad. esp.: *Fundamentación de la metafísica de las costumbres*, Madrid, Alianza, 2012, p. 43].

Como he argumentado al principio de este capítulo, estos protocolos nos posicionan mejor para lidiar con los restos digitales. Creo que el derecho a la dignidad humana brinda una crítica importante a los ordenamientos como el citado al principio de este capítulo, donde la decisión de abrir las comunicaciones privadas de una persona fallecida fue explícitamente justificada por la comparación de los restos digitales de la niña con objetos (no humanos). Para el tribunal, sus datos no eran más que un *medio* para que los padres dieran un cierre al luto, posesiones que pueden heredarse, comprarse, venderse y pasarse de mano en mano sin más. Pero, como hemos visto, esta visión ofrece una comprensión errada, o al menos *insuficiente*, de lo que los restos digitales realmente son y por qué merecen ser protegidos. Trata algo esencialmente humano como una mera cosa, un patrimonio que puede heredarse y, en última instancia, poseerse. Relaciona el mundo intangible de los datos con un protocolo tangible inadecuado. Sin embargo, no bien pensamos en los restos digitales como un cuerpo, esta inadecuación sale a la luz. No cabe duda de que los cuerpos son objetos y, hasta cierto punto, es razonable dar a los parientes más próximos la última palabra sobre qué debería suceder con ellos tras la muerte, pero no son *solo* objetos. No los *heredamos*, al menos no en el sentido de adquirir la propiedad sobre ellos, como ocurre con otras pertenencias. A diferencia de las herencias, los cuerpos permanecen bajo la protección de la ley como objetos constitutivos de personas. Sostengo que debería concederse la misma inviolabilidad al cuerpo informacional. Sostengo incluso que tendría sentido incluirlos en la legislación internacional sobre protección de datos, como el mencionado RGPD europeo. Como tales, los restos digitales de los difuntos no son posesiones que uno debiera tratar con cierto grado de dignidad; son constitutivos de las personas, que conservan un derecho intrínseco a no ser tratadas como un mero medio para un fin.

Según Stokes, este estatuto implica que la forma por defecto para lidiar con los restos digitales debería ser la preservación, en lugar de su eliminación. Aunque no sean perfectamente intuitivos, sus argumentos tienen peso. La razón por la que el niño que compite con su padre en Rally Sports Challenge se detiene justo antes de la línea de llegada es que ganar borraría una de las pocas piezas que quedan de la agencia del difunto padre. No es solo un acto por interés propio. Creo que también se debe a que el chico siente el imperativo moral de no destruir por descuido el cuerpo informacional de una persona fallecida. No borramos a los muertos sin más, porque, a diferencia de otros objetos, no son *solo objetos*, son objetos-personas humanas. No estoy de acuerdo con que la existencia sea necesariamente preferible a no existir. Tal como se puede matar por respeto (por ejemplo, para terminar con el sufrimiento de un animal herido), también se pueden borrar los datos de alguien en señal de respeto, una especie de cremación digital. Todo esto depende de las manifestaciones culturales de lo que se consideran formas adecuadas de lidiar con un cuerpo. En el contexto de los restos digitales, no contamos con una matriz cultural que podamos tomar, por lo que, en lo relativo a la dignidad, no estoy seguro qué tiene más peso, la conservación o la eliminación. En el caso del cuerpo biológico, sin embargo, tenemos cientos de miles de años de desarrollo cultural que nos ayudan a guiar nuestras expresiones de respeto y dignidad. Conectar estos aspectos crea un puente conceptual. Demuestra que la aparición del cadáver informacional, por más futurista que parezca, no es una alteración radical. Es apenas la continuación de un proceso que está en marcha desde que erigimos las primeras lápidas, a saber, la separación entre las personas y los cuerpos biológicos o, mejor dicho, la naturaleza cada vez más externalizada del cuerpo informacional. Necesitamos empezar a trasladar esos rituales a la esfera digital.

La noción de cuerpo informacional no es, desde luego, una herramienta universal para reflexionar sobre la ética de la gestión de los datos póstumos. En algunos contextos resulta inmensamente útil, pero en otros solo confunde. Parte de lo que se desprende de este libro es que los restos digitales se están convirtiendo en un asunto de nivel macro, y aquí la comparación con los cuerpos se queda corta. Puede ser útil destacar el estatus de los restos digitales de una persona, pero cuando éstos se acumulan por miles de millones, de modo que engloban no solo a las personas sino a sociedades y a generaciones enteras, no podemos desentrañar las implicaciones por analogía con las fosas comunes o cementerios digitales. En este contexto, hace falta un tipo de analogía muy diferente.

LA ENCICLOPEDIA DIGITAL DE LOS MUERTOS

Hay un relato corto del autor serbio Danilo Kiš titulado "La enciclopedia de los muertos".[98] Comienza con una mujer innombrada que viaja a Estocolmo invitada por la señora Johansson, del Instituto de Estudios Teatrales. Una noche, la señora Johansson lleva a la protagonista al archivo de la Biblioteca Real, donde le ha conseguido au-

98. Danilo Kiš, *The Encyclopedia of the Dead*, Londres, Penguin, 2015 [trad. esp.: *Enciclopedia de los muertos*, Barcelona, Acantilado, 2008].

torización para explorar libremente la colección durante la noche. En esta visita, la mujer descubre un extraño libro titulado *La enciclopedia de los muertos*, que resulta ser un registro completo de todas las vidas humanas vividas durante los últimos trescientos años. Habiendo perdido recientemente a su querido padre, comienza a buscar su entrada de inmediato. La encuentra y queda desconcertada por su exhaustividad. Cada detalle de la vida de ese hombre longevo, por insignificante que fuera, quedó registrado en el libro. Lee sobre su infancia y adolescencia, su paso por el ejército, sus viajes y su relación con su familia. Incluso se entera de las motivaciones y fuerzas subconscientes que impulsaron su extraño comportamiento durante los últimos días de su vida. El libro resulta saber más sobre el padre de la protagonista que ella misma, incluso, quizá, más que él.

Me acordé del cuento de Kiš mientras mi colega David Watson y yo realizábamos un estudio que titulamos, quizá demasiado melodramáticamente, "¿Están los muertos tomando el control de Facebook? Una estrategia de datos a gran escala para el futuro de la muerte en línea".[99] Al comparar la distribución por edades de la base de usuarios de Facebook en cada país con los datos de esperanza de vida previstos por las Naciones Unidas, predijimos que, para finales de este siglo, la plataforma habrá acumulado más de cinco mil millones de perfiles pertenecientes a usuarios fallecidos (véase la figura 1). Ya a mediados de la década de 2050, la cifra podría superar los mil millones, y en 2080, casi los tres mil millones. Estos cálculos, sin embargo, se basaban en un supuesto bastante

99. Carl Öhman y David Watson, "Are the dead taking over Facebook?", en *Big Data & Society*, 6(1), 2019.

Acumulación global de perfiles de usuarios fallecidos: escenario A

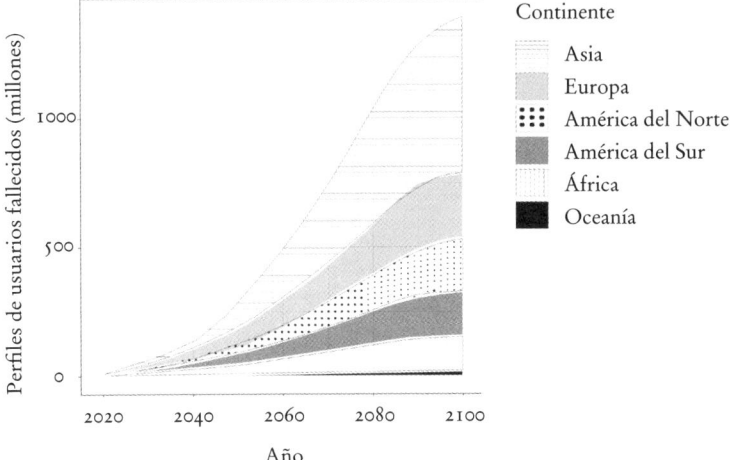

Figura 1. Distribución geográfica de la acumulación prevista de perfiles de Facebook de usuarios fallecidos, dado el crecimiento continuo de la plataforma hasta la saturación del mercado.

improbable, a saber, que Facebook siguiera creciendo a su ritmo actual en todos los mercados hasta quedar saturado.

Aunque el crecimiento de la red sigue siendo fuerte, es un escenario improbable, por lo que ensayamos un segundo modelo, esta vez suponiendo que no se incorporarían nuevos usuarios a partir de 2018. Esta vez, el número total de perfiles de usuarios fallecidos sería de "solo" 1.400 millones a finales de siglo (véase la figura 2). Sin embargo, la nueva hipótesis llevó a una distribución donde ya a mediados de la década de 2060 habría más perfiles pertenecientes a fallecidos que a los vivos. Puede que incluso antes, teniendo en cuenta que el grupo que más crece en Facebook es el de los usuarios mayores de 65 años. De hecho, un informe del Pew Research Center mostró

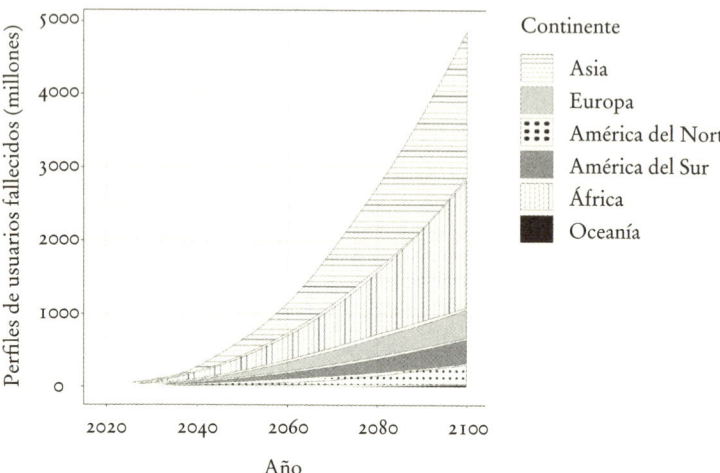

Acumulación global de perfiles de usuarios fallecidos: escenario B

Figura 2. Distribución geográfica de la acumulación prevista de perfiles de Facebook de usuarios fallecidos, sin tener en cuenta nuevos usuarios después de 2018.

que, solo en 2018, ese grupo etario en Estados Unidos pasó del 22 % al 40 % en términos de participación en Facebook.[100] Melodramático o no, parece que los muertos sí se están apoderando de Facebook.

El estudio causó un gran revuelo en los medios de comunicación. Durante semanas parecía que no hacíamos más que hablar con periodistas de todo el mundo, explicándoles nuestro método y advirtiéndolos sobre las consecuencias de nuestros hallazgos. No cabe duda de que hubo algo de sensacionalismo en esa información. Al fin y al cabo, que Facebook se convierta en un cementerio

100. Jack Shepherd, "30 Essential Facebook Statistics You Need to Know in 2023", en *The Social Shepherd* (blog), 23 de febrero de 2023, https://bit.ly/4fT7YG.F.

digital es un titular atractivo. Pero para nosotros, lo importante no era Facebook en concreto, ya que a cualquier red que almacene datos de usuarios le espera el mismo destino. También probamos nuestros modelos en Instagram, por ejemplo, con resultados muy similares.[101] Tampoco se trataba del año exacto en el que los vivos en cualquier red social serán superados por los muertos. Demasiadas variables afectan esas dimensiones como para poder calcularlas con precisión. En cambio, la gran conclusión de nuestros hallazgos fue que, incluso con las hipótesis más conservadoras, el número de perfiles de fallecidos en las redes sociales está creciendo exponencialmente, y abarca prácticamente toda una generación en todo el mundo. En su esfuerzo por dictar el comportamiento de los usuarios y atraer a audiencias cada vez mayores, los gigantes tecnológicos del mundo están creando un registro exhaustivo de casi todos los seres humanos del planeta, un archivo que, tal como en la historia ficcional de Kiš, incluye los patrones de comportamiento y pensamientos, incluso subconscientes, de toda una generación. Y estos archivos se están convirtiendo lenta pero inexorablemente en depósitos de restos digitales. Por así decirlo, se están convirtiendo en una enciclopedia *digital* de los muertos.

EL GABINETE DE BRUTO

El filósofo francés del siglo XVI Michel de Montaigne, conocido por celebrar lo particular y lo mundano por

---

101. Carl Öhman y David Watson, "Are the dead taking over Facebook?".

encima de los elementos espectaculares y oficiales de la historia, escribió una vez sobre Bruto:[102]

> Preferiría saber a ciencia cierta qué charlaba en su tienda con alguno de sus amigos íntimos, en la vigilia de una batalla, a saber las palabras que pronunció al día siguiente ante su ejército; y lo que hacía en su gabinete y en su habitación, a lo que hacía en medio de la plaza y en el Senado.[103]

Bruto pertenece a la ínfima minoría de individuos históricos de los que realmente sabemos algo. Sin embargo, por desgracia para Montaigne, lo que Bruto haya dicho a sus camaradas en su tienda antes de la batalla se perdió para siempre, al igual que casi todo lo demás que haya hecho o dicho más allá de sus declaraciones oficiales en el Senado. Sin embargo, si hubiera vivido en la era de la internet, probablemente habría pasado las noches previas a sus batallas enviando mensajes de texto a sus amigos en Roma, y esos textos habrían formado parte de una red casi infinita de interacciones, un archivo conservado por la aplicación que le proporcionara el servicio. La mera existencia de estos datos, por no hablar de su disponibilidad para los historiadores, sin duda habría entusiasmado a Montaigne. Y me imagino que la mayoría de los historiadores contemporáneos también desearían tener un archivo así en sus manos. Imaginemos que los investigadores tuvieran acceso al historial de búsquedas de sir

102. Se trata del "amigo" o hijo adoptivo que traicionó a Julio César.

103. Michel de Montaigne, "On Books", en *Essays*, ed de William Carew Hazlitt, trad. de Charles Cotton, Londres, Reeves and Turner, 1877, https://bit.ly/45DdmKO [trad. esp.: *Los ensayos*, trad. de J. Bayod Brau, vvee].

Winston Churchill durante la Segunda Guerra Mundial, a los tuits de Napoleón Bonaparte o a un clip de YouTube de Jesús de Nazaret dando su Sermón de la Montaña o, mejor aún, de lo que hizo después del sermón, las cosas que Mateo no menciona y que tal vez ni siquiera supiera. Los aprendizajes serían inestimables, y para la mayoría de los acontecimientos que tendrán lugar en el XXI, algo así podría ser realmente posible.[104]

Naturalmente, muchos historiadores han hablado encantados de cómo la internet revolucionará su oficio.[105] Roy Rosenzweig, uno de los primeros pioneros de la historia digital, afirmó, por ejemplo, que gracias a la información que la gente deja en Internet, los historiadores del futuro tendrían acceso a un "registro histórico esencialmente completo".[106] De hecho, la disciplina conocida como historia de macrodatos se está convirtiendo en un campo establecido gracias a nuestra capacidad creciente para producir y analizar grandes cantidades de datos.[107]

---

104. Es notable que la comunicación privada está migrando cada vez más a canales encriptados, como WhatsApp, y por buena razón. Esto significa que a menos que empresas como WhatsApp mientan sobre no tener la capacidad de acceder y explotar los registros de mensajería de los usuarios, los datos son inservibles como material histórico.

105. Véase, por ejemplo, Lena Roland y David Bawden, "The Future of History", en *Library & Information History,* 28(3)*,* 2012, pp. 220-236, donde los autores entrevistan a historiadores sobre sus ideas sobre qué significa Internet para el futuro estudio del pasado. Véase también Niels Brügger y Ralph Schroeder (eds.), *The Web as History*, Londres, UCL Press, 2017, para un panorama esclarecedor del campo emergente de la historia de la red.

106. Roy Rosenzweig, "Scarcity or Abundance? Preserving the Past in the Digital Era", en *The American Historical Review,* 108(3), 2003, p. 740.

107. Shawn Graham, Ian Milligan y Scott B. Weingart, *Exploring Big Historical Data*, Londres, World Scientific Publishing, 2015.

Imaginemos cómo será dentro de cien años. Tal como la protagonista del libro de Kiš contempla la entrada de su padre en la enciclopedia, nuestros descendientes podrán, al menos en teoría, utilizar los rastros digitales agregados de nuestra generación para tomar un día determinado y averiguar exactamente qué sucedió, dónde estuvo alguien, quién le dijo qué a quién, qué compró, en qué hizo clic, qué escuchó, qué subió a Internet, y así. Imaginemos, por ejemplo, el análisis de millones de tuits para analizar la respuesta a un único proceso judicial, como el de Kyle Rittenhouse, el adolescente que viajó de Illinois a Wisconsin e hirió de muerte a dos personas con su rifle durante los disturbios del verano de 2020. O todo el catálogo de declaraciones realizadas por un solo político como Donald Trump, cuya presencia en Internet ha sido más prolífica que la de casi cualquier otra figura política relevante del siglo XXI. Una vez más, el valor emerge de la *agregación* de datos, que es la razón por la que archivos como Facebook, X (Twitter) y YouTube pueden convertirse en recursos tan significativos para las generaciones futuras, porque permiten hacer inferencias más amplias sobre poblaciones enteras y sus reacciones a diversos acontecimientos sociales a lo largo del tiempo. En lugar de limitarse a permitir que un individuo estudie la vida de sus antepasados, la enciclopedia digital de los muertos le permite a una generación estudiar la *sociedad* de sus predecesores. ¿Qué pasaría si hoy pudiéramos investigar los patrones sociales de comunicación que surgieron en la década de 1930, o seguir los cambios en los sentimientos con respecto a la Reforma en la Europa renacentista? De nuevo, los aprendizajes tendrían un valor incalculable. Y por eso nuestros datos digitales son bastante más que una mera colección de historiales de usuarios individuales: son nuestro pasado colectivo, parte del patrimonio digital de la humanidad.

A diferencia de los archivos anteriores del comportamiento humano, que por lo general solo se centran en una población limitada, la enciclopedia digital de los muertos se extiende a través de fronteras tanto geográficas como demográficas. Tomemos a Facebook nuevamente como ejemplo. A diferencia de lo que suele describirse en la prensa popular y académica, la aparición de muertos en la red está lejos de ser un fenómeno exclusivo de Occidente. Según mi estudio con David Watson, los usuarios europeos y norteamericanos representarán en realidad apenas una fracción de los usuarios que dejarán perfiles en el sitio en las próximas dos décadas. Los países asiáticos dominan ese campo, y llegarán a casi el 44 % del total a finales de siglo (siempre que el crecimiento de Facebook termine por detenerse). Además, en el escenario donde Facebook sigue creciendo, los países africanos representarán la segunda mayor parte del registro histórico de la plataforma. Nigeria, en particular, se convierte en un nodo importante de muertes de usuarios de Facebook —de hecho, será el segundo del mundo, después de la India—, con más del 6 % del total mundial. Níger, Mali y Burkina Faso también aparecen entre los diez primeros países por número de perfiles de fallecidos, mientras que Estados Unidos es el único país occidental que aparece en la lista. Los futuros archivos de restos digitales de Facebook son, en otras palabras, un verdadero archivo *global* del comportamiento humano.[108] Lo mismo ocurre con la mayoría de los imperios tecnológicos que domi-

108. Sé que no todo el mundo está en línea, pero ténganme un poco más de paciencia.

nan la economía digital. YouTube, por ejemplo, tiene versiones localizadas en más de cien países y es la red social más utilizada en muchos de los principales mercados del mundo, como Brasil, Filipinas e Indonesia.[109] TikTok conecta aproximadamente a uno de cada cinco usuarios de Internet en el mundo (uno de cada tres en Asia), y esa cifra es probablemente mucho mayor entre los jóvenes, ya que el 41 % de los usuarios de TikTok tiene entre 16 y 24 años. Podría seguir, pero la conclusión es la siguiente: los archivos de datos que alojan estas plataformas son más que un recurso publicitario: son un retrato global de nuestra especie en el siglo XXI.

Los archivos de las redes sociales también abarcan una diversidad demográfica mucho mayor que los registros anteriores. Hasta hoy, nuestro conocimiento del pasado y de sus habitantes ha estado muy sesgado. Puede que sepamos mucho sobre reyes, generales y políticos como nuestro querido Bruto —las élites que dominaban las sociedades del pasado—, pero no sabemos casi nada de la gente común que vivía en esas sociedades. Por ejemplo, en comparación con gente como Bruto, no sabemos prácticamente nada de los cientos de miles de esclavos que poblaban la antigua Roma. ¿Cómo vivían? ¿Cómo eran sus vidas, sus sueños, sus deseos? Nunca lo sabremos. Lo más impactante es la ausencia de mujeres con nombre propio en la historia. Según la historiadora inglesa Bettany Hughes, las mujeres representan solo el 0,5 % de los individuos históricos cuyos nombres conocemos, a pesar de representar el 50 % de nuestros

109. Digital Marketing Institute, "Social Media: What Countries Use It Most and What Are They Using?", 2 de noviembre de 2021, https://bit.ly/421IgtM.

antepasados.[110] Por otro lado, las mujeres de la historia de las que sí sabemos algo no reciben ni cerca de la atención que merecen. Pero ese es un problema distinto. La cuestión aquí es que a la mayoría de las mujeres, junto con otros grupos marginados o económicamente desfavorecidos, nunca les permitieron siquiera entrar en nuestros registros.

Pero esto potencialmente podría cambiar. No en el sentido de que se decida democráticamente cómo y a quién registrar, sino en el sentido de que, en el ámbito digital, registrar, no olvidar, se ha convertido en la norma.[111] Cuando sucede algo, que deje algún tipo de registro es la norma y no la excepción. Así, la sociedad de la información invierte la lógica de la escritura tradicional de registros; en lugar de preguntarnos "¿es esto suficientemente importante como para registrarlo?", ahora nos preguntamos "¿es suficientemente *insignificante* como para destruirlo?". Para la mayoría de las personas y acontecimientos del siglo XXI, ya existe un registro; la cuestión es por qué valdría la pena conservarlo. Así que, por primera vez en la historia de nuestra especie, contamos con un registro de datos que refleja realmente la diversidad humana, al menos para la parte de la población que está en línea (aunque, como veremos, está lejos de ser todo el mundo). La idea de una historia diversa y reflexiva es, por

110. Hughes lo afirma en una entrevista con EnglisHeritage.org, pero no he tenido éxito en encontrar la fuente. Véase "Why Were Women Written Out of History? An Interview with Bettany Hughes", 29 de febrero de 2016, https://bit.ly/3HGOfNZ.

111. Tanto Viktor Mayer-Schönberger en *Delete. The Virtue of Forgetting in the Digital Age*, Princeton, Princeton University Press, 2009, como Luciano Floridi en *The Fourth Revolution. How the Infosphere is Reshaping Human Reality*, Oxford, Oxford University Press, 2014, discuten este asunto.

primera vez, realista, y si la echamos a perder, será porque los datos de alguien fueron destruidos *intencionalmente.*

Por supuesto, nada de esto requiere que los datos estudiados sean restos digitales.[112] Hasta cierto punto, muchas plataformas ya realizan investigaciones internas sobre sus usuarios, principalmente con el fin de averiguar cómo hacer que compren más cosas o aumenten el tiempo que pasan en la plataforma, pero también para causas realmente buenas como la prevención del suicidio.[113] Compartir todos esos datos con el público, para que otros investigadores puedan utilizarlos, tendría el potencial de hacer mucho bien y mejorar significativamente nuestra comprensión de la sociedad. Mientras tanto, compartir datos también abre un enorme potencial para dañar a los individuos que están siendo analizados. En 2006, investigadores de Harvard empezaron a rastrear los perfiles de Facebook de la promoción de 2009 de su universidad, que cotejaron con información sobre las carreras y residencias de los estudiantes. El estudio publicado, conocido como "Tastes, Ties, and Time" [Gustos, vínculos y tiempo], aportó ideas valiosas sobre cómo se forman las redes sociales y amistades con el paso del tiempo.[114] Pero, a pesar

---

112. Pocos han ilustrado de forma más accesible el poder de los macrodatos para la investigación en ciencias sociales que Seth Stephens-Davidowitz en *Everybody Lies. What the Internet can Tell Us About Who We Really Are*, Nueva York, HarperCollins, 2017.

113. De hecho, Facebook está utilizando el aprendizaje automático para "expandir nuestra capacidad de identificar contenido vinculado posiblemente con el suicidio y las autolesiones y ofrecer ayuda oportuna a quienes lo necesiten". Véase "Prevención de suicidios", https://bit.ly/41lhegY.

114. Kevin Lewis *et al.*, "Tastes, ties, and time: A new social network dataset using Facebook.com", en *Social Networks,* 30(4), octubre de 2008, pp. 330-342.

de los esfuerzos de los investigadores por "anonimizar" los datos y de sustituir a Harvard por "una universidad privada culturalmente diversa del noreste de EE. UU.", pasaron apenas unos días antes de que la gente identificara la universidad y, por tanto, también a los estudiantes. Al final, el estudio probablemente contribuyó a la decisión de Facebook de prácticamente clausurar la plataforma a las colaboraciones de investigación un par de años después. La cuestión es que, aunque la investigación de macrodatos sobre sujetos vivos puede ser valiosa, supone una amenaza no solo para la dignidad, sino también para el bienestar de los sujetos. La investigación histórica, por el contrario, no supone un riesgo para el bienestar, es decir, los *estados de daño* que podría causar a sus sujetos, porque están muertos. A diferencia de lo que ocurre con los perfiles de los estudiantes actuales de Harvard, la lectura de los diarios de, por ejemplo, los alumnos de la academia de Platón no cambia sus perspectivas de vida.

Pero tomémonos un momento. Utilizar los restos digitales como medio para obtener una perspectiva histórica, ¿no es exactamente el tipo de violación de la dignidad humana de los muertos que elaboré en la primera mitad de este capítulo? Posiblemente. Investigar sobre las comunicaciones privadas de individuos del pasado puede constituir un daño a su dignidad, al menos en la medida en que se los trate *solo* como un medio para un fin. Pero lo que quiero decir no es que las generaciones futuras deban investigar las comunicaciones privadas de cada uno de nosotros. Es que pueden tener interés en hacerlo con algunos y que es muy importante quién controle esta actividad (es decir, a quién pertenezcan los datos y sus motivos para usarlos). Este (posible) conflicto de intereses inter- e intrageneracional es un punto importante sobre el que volveré hacia el final del libro. Pero por ahora limitémonos a afirmar que cuando ampliamos la escala y pensamos en los restos digitales en su conjunto, no solo surgen como una preocupación privada de los usuarios individuales y las familias de luto, sino como un patrimonio informativo, una enciclopedia de los muertos, que se transmite de una generación a la siguiente. Por eso, la acumulación de restos digitales en la red es un asunto colectivo, una preocupación incluso para quienes no conocen a ninguna persona que haya muerto y dejado datos en línea. Los restos digitales son una cuestión de nuestro pasado (digital) colectivo, y en la medida en que nos preocupamos por las generaciones futuras y su relación con el pasado, deberíamos preocuparnos por lo que ocurre con los restos digitales de nuestra generación.

Dado el alcance mundial y la diversidad sin precedentes de las enciclopedias de las redes sociales, creo que mantienen lo que el filósofo ghanés-británico Kwame Anthony Appiah denomina un *valor cosmopolita*, es decir, un valor que va más allá de los intereses de un único individuo o comunidad.[115] Permítanme que me explaye.

Un típico artefacto con valor cosmopolita son las Grandes Pirámides de Egipto. Naturalmente, estos monumentos son un patrimonio nacional importante de todos los egipcios. Pero no pertenecen exclusivamente a los egipcios, ya que la maravilla de las Grandes Pirámides no solo forma parte de la historia egipcia, sino de la historia de toda la humanidad. De hecho, ya no quedan egipcios faraónicos, por lo que los restos del antiguo Egipto tienen menos

---

115. Kwame Anthony Appiah, *Cosmopolitanism*, Nueva York, W. W. Norton & Company, 2007.

importancia cultural para la población predominantemente musulmana del Egipto actual que para los miles de millones de personas de todo el mundo que se consideran descendientes culturales del antiguo Egipto. La conservación y la integridad de las Grandes Pirámides preocupan a todos los miembros de la humanidad, porque estos artefactos nos dicen algo sobre quiénes somos y de dónde venimos. Nos pertenecen a todos. Sin embargo, como subraya Appiah, la palabra "pertenecer" tiene aquí un significado totalmente metafórico. Las pirámides no son propiedad de la ONU ni de ninguna otra organización que trabaje en nombre de la "humanidad", sino del Estado egipcio, y es así de pleno derecho. Sin embargo, esto no significa que el Estado egipcio pueda hacer lo que quiera con los restos del antiguo imperio, ya que su *valor cosmopolita* conlleva deberes para con la especie de cuya historia forman parte. Como los cadáveres y otros objetos constitutivos de los muertos, las Pirámides no son "solo objetos". Como cada vez vivimos más en línea, es natural que también los artefactos digitales lleguen a tener esa definición. Hoy puede parecer una tontería, pero los registros de datos que creamos con nuestras actividades cotidianas en línea son, de hecho, los mayores archivos del comportamiento humano jamás reunidos en la historia de nuestra especie. Tal como las Pirámides cuentan la historia de la civilización humana primitiva, estos datos cuentan algo sobre la civilización humana en la cúspide del siglo XXI, sobre el nacimiento de la sociedad digital. Son, o al menos pasarán a ser, parte de nuestro *patrimonio mundial digital*.

Ya están tomando forma diversas iniciativas para preservar las redes sociales para la posteridad. Los ejemplos van desde proyectos temporales, como el pionero

Task Force on Archiving of Digital Information [Grupo de trabajo para el archivo de información digital], hasta organizaciones internacionales, como la Digital Preservation Coalition y el Software Heritage Project de la UNESCO (este último tiene la ambiciosa misión de preservar para la posteridad todo el software de código abierto del mundo).[116] La más conocida de todas ellas probablemente sea Internet Archive, una organización que trabaja ambiciosamente desde 1996 para suministrar "acceso universal a todo el conocimiento". El público la conoce sobre todo por Wayback Machine, un archivo de acceso público en línea que contiene versiones antiguas de (la mayoría de) las páginas públicas de la World Wide Web. Mientras tanto, los archivos nacionales de varios países están trabajando para preservar los tuits y otros contenidos de las redes sociales de líderes políticos y figuras públicas notables considerados de relevancia cultural. La Biblioteca del Congreso de Estados Unidos, por ejemplo, lleva más de dos décadas recopilando material con el objetivo de crear un archivo representativo de la historia estadounidense en línea para futuros investigadores. A la fecha ha acumulado más de dieciocho mil millones de documentos digitales que incluyen un total de 2,129 petabytes de datos, y en 2010, Twitter anunció que donaría todo su archivo a la biblioteca. Aunque los planes para volver el archivo consultable y accesible al público todavía están pendientes, la mera propuesta es un indicador de

---

116. Robert Di Cosmo y Stefano Zacciroli, "The Software Heritage Open Science Ecosystem", en Tom Mens *et al.* (eds.), *Software Ecosystems*, Heidelberg, Springer, 26 de mayo de 2023.

la creciente importancia de los datos de las redes sociales desde el punto de vista histórico.[117]

No cabe duda de que estas iniciativas van por buen camino, pero por razones que exploraré con más detalle en el cuarto capítulo, adolecen de algunas insuficiencias graves, al menos en comparación con los *verdaderos* archivos que son propiedad de los gigantes tecnológicos. Que los archivos nacionales y las organizaciones no gubernamentales recopilen tuits de políticos y otras personalidades destacadas de los medios es estupendo, pero como recursos históricos no son más que una gota en el océano de los datos que alojan las grandes empresas tecnológicas. Puede que capten lo que nuestros Brutos modernos dicen en el Senado, pero lo que hagan en sus gabinetes, los patrones más amplios de las reacciones de sus seguidores y el poder que conlleva esta información pertenecen exclusivamente al puñado de empresas que tienen las enciclopedias de los muertos en su propiedad.

¿SERÁ QUE NO ES TAN VALIOSO DESPUÉS DE TODO?

Hay varios argumentos en contra de la afirmación de que los datos de redes sociales son recursos históricos valiosos. Es probable que muchos lectores ya hayan pensado en algunos de ellos, así que será mejor abordarlos antes de continuar.

La objeción más común es que los datos de las redes sociales dicen muy poco sobre nuestras vidas "reales", que

117. Mientras tanto, muchos investigadores desarrollan prácticas de lo que Anat Ben-David denomina "contraarchivo", es decir, construir sus propios registros a partir de datos de redes sociales en línea disponibles al público. Véase Anat Ben-David, "Counter-archiving Facebook", en *European Journal of Communication*, 35(2), junio de 2020.

son "basura" trivial y, por lo tanto, carecen de la importancia de otros documentos más dignos, como los registros gubernamentales. Se dice que a las generaciones futuras no les interesa saber qué desayunó alguien a principios del siglo XXI, ni lo lindo que era su gato, por no hablar de la avalancha de memes compartidos en los últimos diez años. ¿No son demasiado mundanos estos datos para guardar algún interés? Reconozco que, en el sentido figurado, gran parte de lo que aparece en las redes sociales puede ser basura, pero no por eso carece de valor. Al contrario, los arqueólogos suelen encontrar en los montones de basura y las alcantarillas los recursos más ricos para obtener información científica sobre el pasado. En palabras del antropólogo de Harvard Richard Meadow, "la basura es una representación del comportamiento humano".[118] De hecho, gran parte de lo que los arqueólogos han aprendido sobre la vida de los humanos del pasado proviene de sus desechos.[119] Puede que los templos y monumentos nos hablen de las élites y la cúspide de las civilizaciones antiguas, pero revelan poco sobre la vida cotidiana de la gente corriente que los habitó. Lo que la gente considera mundano, por el contrario, suele contener información rica sobre lo que dan por sentado, es decir, su vida cotidiana. Así, si los datos de las redes sociales nos parecen "basura" ahora, no significa que sigan siéndolo para las generaciones futuras. Más bien, precisamente porque los consideramos mundanos, nuestros memes más

118. Laura Allsop, "Trash or treasure? Sifting through ancient rubbish for archaeological gold", en CNN.com, 4 de octubre de 2011, https://bit.ly/47Q6fzT.

119. William L. Rathje y Cullen Murhpy, *Rubbish! The Archaeology of Garbage*, Tucson, University of Arizona Press, 2001.

triviales y las publicaciones sobre nuestros desayunos pueden llegar a ser significativos para quienes nos sucedan.

Una segunda línea crítica sostiene que las redes sociales ofrecen una representación poco confiable de la realidad. Según algunos, la autorrepresentación en línea presenta una imagen pulida y, en última instancia, falsa de lo que ocurre en la "vida real". Si alguna civilización extraterrestre estudiara a la humanidad del siglo XXI solo a través de lo que publicamos, por ejemplo, en Instagram, probablemente pensaría que la vida aquí gira en torno a hermosas puestas de sol, personas influyentes en el mundo del fitness y animales adorables, y todos sabemos que eso no es del todo exacto. Hay una gran cantidad de actividades importantes que nunca llegan a las redes sociales, y las que llegan suelen estar muy manipuladas para resultar más atractivas.

Tengo dos respuestas a esta crítica. En primer lugar, aunque tiendo a pensar que la presentación que uno hace de sí mismo en las redes ofrece una imagen selectiva y preparada, todavía puede ser valiosa para fines científicos. Cómo desea ser percibida la gente es tan importante como los hechos concretos de su vida, y la comparación de las condiciones de vida de una población con la imagen que tiene de sí misma suele llevarnos a verdades profundas sobre sus valores y tendencias culturales. El hecho de que una persona o un grupo de personas que solo publican sobre sus mascotas adorables sufran a la vez una gran desesperación económica nos dice algo sobre ellos que los datos económicos por sí solos no podrían decirnos. Por lo tanto, aunque estén muy manipuladas, las publicaciones en las redes son acciones reales que dicen algo sobre una realidad social. En segundo lugar, y más importante, creo que es un error considerar los datos de las redes sociales como una mera representación de lo que ocurre en un mundo supuestamente "real". Al contrario, la sociedad se desarrolla cada vez más dentro de las redes sociales en línea. Como ilustra el concepto de "onlife" de Floridi, la vida nunca está puramente conectada o desconectada, sino que tiene lugar en un entramado de tecnologías y personas conectadas.[120] Por ejemplo, muchos acontecimientos y movimientos históricamente significativos, como #MeToo y, en cierta medida, incluso la Primavera Árabe, no fueron meras representaciones de acontecimientos que tenían lugar "en la vida real", sino que fueron, desde el comienzo, movimientos digitales. Los datos y los acontecimientos son uno. La objeción de que uno no refleja al otro no tiene sentido.

La tercera objeción, y sin duda la más incisiva, a mi afirmación de que los datos de las redes sociales son valiosos es que no toda la sociedad actual se desarrolla en línea. Aunque la vida del siglo XXI se caracteriza y se caracterizará en gran medida por la experiencia en línea, este modo de ser no está ni cerca de ser universal. Según Internetwordstats. com, el 40 % de la población mundial no está conectada a Internet. Esta estadística es alta incluso en algunos países desarrollados, como Grecia, donde más del 17 % de la población carece de acceso.[121] Aunque es probable que esta cifra disminuya rápidamente en la próxima década, sigue habiendo pruebas que sugieren que el acceso por sí solo no es suficiente para que la gente utilice Internet. En el Reino Unido, por ejemplo, donde la tasa de penetración de Internet ronda el 95 %, cerca de una de cada diez personas

---

120. Luciano Floridi (ed.), *The Onlife Manifesto, Being Human in a Hyperconnected Era*, Heidelberg, Springer, 2015.

121. Véase "Internet World Stats: Usage and Population Statistics", https:// www.internetworldstats.com.

carece de los conocimientos más básicos para utilizarla.[122] Cuando hablamos del valor histórico de los datos de las redes sociales, es importante evitar las ilusiones de un registro "completo" de todos los rincones de la sociedad, al menos hasta que superemos todas las brechas digitales. Pero incluso entonces, la historia digital no debe equipararse con "el pasado". Como veremos en el próximo capítulo, los datos siempre se recogen y organizan con un fin específico, y ese fin, sea cual sea, quedará reflejado en los datos.

Además de estas objeciones, se puede sumar una última: es extremadamente inverosímil que las grandes empresas tecnológicas compartan sus datos con los investigadores, incluso dentro de cien años. ¿Cómo podríamos saber que Facebook y Google, o algo parecido, existirán el tiempo suficiente para convertirse en un recurso *histórico*? Y si lo hacen, ¿qué probabilidades hay de que compartan sus archivos con investigadores ajenos a la empresa? ¿Es siquiera deseable que la industria comparta los datos de personas muertas, sin su consentimiento, para la investigación histórica? Todas estas preguntas son válidas. Y sí, es concebible que las generaciones futuras nunca puedan aprovechar el poder de las enciclopedias digitales de los muertos. Pero eso no es lo que quiero decir. Lo que quiero decir es que los datos que guarda la industria tecnológica tienen el *potencial* de mejorar enormemente la comprensión del pasado y sus habitantes. Además, aunque nunca lleguen a beneficiar al público, alguien, muy probablemente las empresas que hoy dominan la industria, *detentará* ese poder. Serán, de una manera bastante literal, los dueños de nuestro pasado (digital). Y harán búsquedas en esos datos, te guste o no. En conjunto, nuestros restos

122. Office for National Statistics, "Exploring the uk's Digital Divide".

digitales son *de facto* los restos de toda una generación. Que este archivo impresionante se mantenga intacto y quién pueda utilizarlo son cuestiones para el resto de este libro. Por ahora, lo que importa es que pensar en nuestros restos digitales agregados como un único artefacto, como una enciclopedia digital de los muertos, revela la naturaleza colectiva del fenómeno. Lo que ocurra con tus datos cuando mueras no es una mera preocupación privada tuya y de tus allegados; a todos nos interesa lo que ocurra con las enciclopedias inscritas en los servidores de las grandes empresas tecnológicas de la actualidad.

∞

Las metáforas del cuerpo y la enciclopedia no excluyen otras formas de entender la muerte: podríamos hablar de herencias digitales, fantasmas, almas o muertos vivientes. Pero son herramientas cruciales para dar sentido a la condición posmortal en la medida en que vinculan su nacimiento a objetos predigitales que ya nos resultan familiares, así como los protocolos culturales que las acompañan. Nos permiten formular preguntas más específicas y, por lo tanto, comprender mejor los desafíos que plantea la condición posmortal. Si los restos digitales de alguien son constitutivos de una persona con derecho a la dignidad humana, ¿cómo podemos entender la creciente mercantilización de estos materiales? ¿Qué ocurre cuando la enciclopedia digital se queda sin páginas (metafóricas) para nuevos nombres? ¿Quién es su dueño? ¿Y no está la enciclopedia también llena de personas vivas que comparten esas páginas? Ahora que disponemos de un vocabulario metafórico básico, empezaré a responder a estas preguntas.

3. El auge de la industria digital de la vida después de la muerte

El capital es trabajo muerto que solo se reanima, a la manera de un vampiro, al chupar trabajo vivo, y que vive tanto más cuanto más trabajo vivo chupa.[123]

KARL MARX

ASH Y MARTHA

En "BE RIGHT BACK", el primer episodio de la segunda temporada de la serie de televisión *Black Mirror*, la protagonista, Martha, pierde a su compañero Ash en un accidente automovilístico.[124] Martha queda devastada. Pero justo después del entierro recibe una invitación para probar la versión preliminar de una nueva aplicación. El gancho es tan intrigante como ominoso: utilizando como base los restos digitales de una persona recientemente fallecida —sus datos de búsque-

---

123. Karl Marx, *Capital: A Critique of Political Economy*, vol. 1, Marxists Internet Archive, 1999, https://bit.ly/4mCzf2Q [trad. esp.: *El capital*, t. 1, vol. 1, Buenos Aires, Siglo XXI, pp. 279-280].

124. *Black Mirror* comenzó como un programa del canal BBC Four pero luego fue comprado por Netflix. Los episodios son independientes (con intersecciones menores) e ilustran distintos escenarios hipotéticos de tecnologías futuras. "Be Right Back" [Enseguida vuelvo] es el primer episodio de su segunda temporada.

da, conversaciones, tuits, snaps, listas de reproducción, etc.—, la aplicación analiza sus patrones y produce un chatbot que es una réplica hiperrealista de la personalidad del difunto. Al principio, Martha se muestra escéptica, incluso insultada, por la mera sugerencia. Ash está muerto y ningún algoritmo del mundo podría cambiar eso. Pero entonces un descubrimiento la conmociona: está embarazada de Ash. Tras unas horas de agonía, no puede aguantar más. Necesita hablar con Ash. Decide utilizar el servicio para enviarle un único mensaje al chatbot replicado: "Estoy embarazada". Pero ese no es para nada el último mensaje que envía.

Dada la frecuencia con la que Ash usaba sus dispositivos electrónicos, el chatbot replicado resulta ser asombrosamente preciso. Tiene el mismo sentido del humor (¡incluso mejor!), el mismo sentido del ritmo y usa la misma jerga que el original. Para una persona como Martha, destrozada por la tragedia, resulta un alivio invaluable para sobrellevar la noticia de su embarazo. Continúa chateando con el fantasma digital de Ash y, después de comunicarse con él un rato, escribe: "Ojalá pudiéramos hablar". El bot responde: "¿Y si pudiéramos?". Resulta que la aplicación también ofrece una versión premium, que incluye un servicio de voz. Utilizando grabaciones de Ash de mensajes y videos antiguos, la aplicación es capaz de replicar el sonido de su voz, lo que significa que Martha puede llamar al chatbot en cualquier momento, lo que pronto pasa a ser *casi todo el tiempo*. Finalmente, Martha da el paso final para resucitar a Ash y encarga un robot humanoide completo, programado para moverse y comportarse como Ash. Como habrán adivinado, el robot no se parece del todo a Ash (a pesar de que algunas de sus características deberían mejorar con el tiempo), y la historia no tiene un final del todo feliz. Al final, el robot Ash es encerrado en el ático, oculto del mundo exterior.

El episodio plantea preguntas difíciles sobre la vida, la muerte y el duelo. ¿Con qué autoridad "resucita" Martha a su difunto esposo? ¿Es algo bueno para ella? ¿Y cuál es el estatus ético del robot? Como era de esperar, el episodio se ha convertido en un punto de referencia en los debates sobre los restos digitales. Sin embargo, un detalle crucial de la historia tiende a pasarse por alto en estos debates: la empresa anónima que proporciona la tecnología. Aunque la perpetuación de la relación de Martha con Ash esté mediada tecnológicamente, la tecnología no surge por sí misma. Fue diseñada por alguien y con un propósito concreto. El episodio ofrece poca información sobre quiénes son y cuáles podrían ser sus motivos. Pero, si esta empresa se parece en algo a las de la vida real, su propósito es, probablemente, ganar dinero. De hecho, esa parece ser la función principal de Ash desde el punto de vista de la empresa. Cada vez que Martha elige una actualización, es porque el mismo bot lo propuso. Por ejemplo, son los mensajes de texto de "Ash" que le promocionan el servicio de voz cuando Martha expresa su deseo de hablar. Y si el bot es realmente una encarnación de Ash, ¿cómo podría ella negárselo a su difunto marido, a quien quiere más que a nada? En otras palabras, el Ash robot es al mismo tiempo un producto ofrecido por una empresa y su vendedor perfecto. No está programado para ser igual que Ash, sino —al menos en la medida en que la empresa sea exitosa— para ser la versión de él por la que Martha más probablemente quiera seguir pagando.

Como veremos, este ángulo comercial reubica no solo el episodio, sino todo el fenómeno del más allá digital bajo una nueva luz. Porque nuestras interacciones con los muertos en línea están mediadas por plataformas comerciales no solo en la ficción. De hecho, en el mundo real, la lógica de la renta es la regla antes que la excepción. Pero ¿cuáles son las consecuencias de esta mercantilización? ¿Y cómo determina nuestra relación con los muertos y cuáles son sus implicaciones éticas?

LA INDUSTRIA DIGITAL DEL MÁS ALLÁ

Que yo sepa, todavía no existe ningún servicio con la sofisticación tecnológica representada en "Be Right Back". Pero la realidad no se queda atrás. En 2015, la *startup* del MIT Eterni.me lanzó una versión beta de un chatbot —que incluía un avatar virtual— que, según afirmaban, te permitiría "hablar por Skype con los muertos". Con una cantidad suficiente de datos, los algoritmos serían capaces de extraer la personalidad de uno y convertirla en un avatar interactivo.[125] Alcanzó los cuarenta y siete mil suscriptores antes de desaparecer misteriosamente en 2021, posiblemente por haber agotado su financiamiento. Pero siguen apareciendo aplicaciones similares. La más reciente es Hereafter AI, que ofrece el mismo producto que Eterni.me, aunque basado principalmente en entrevistas con la persona a replicar. Parece que esta aplicación está teniendo un relativo éxito en el mercado. Sin embargo, el caso más exitoso, aunque quizá menos claro, de este tipo de servicio es Replika, una aplicación con interés de lucro

125. Marcus Ursache, "The Journey to Digital Immortality", *Medium*, 23 de octubre de 2015, https://bit.ly/4mGt3Hc.

fundada por Eugenia Kuyda, a quien presenté en el capítulo anterior. El producto ha evolucionado mucho desde la simplicidad del bot de Roman, pero sigue fundamentalmente la misma lógica: entrenas a un chatbot interactuando con él y dándole acceso a tus datos, y al final se parece cada vez más a ti: un mejor amigo artificial que también es una versión de ti mismo. Hay varios proyectos similares, pero con más de diez millones de usuarios, Replika es el más exitoso por un buen margen, quizá en parte gracias a haber atenuado el aspecto ultraterreno en su marca.[126]

Aunque sigue siendo sobre todo un fenómeno de *startups*, los gigantes tecnológicos también se proponen hacer realidad este episodio de *Black Mirror*. En junio de 2022, Rohit Prasad, vicepresidente de Amazon y científico en jefe de Alexa, su software de asistencia virtual, anunció que la empresa había desarrollado una función que le permitía a Alexa hablar con la voz de un familiar fallecido. Amazon incluso grabó un video promocional donde un niño le pide a Alexa que le lea *El mago de Oz* con la voz de su abuela. Hace tiempo que existen aplicaciones similares. En 2017, una *startup* irlandesa utilizó un algoritmo de aprendizaje profundo para analizar grabaciones de voz del presidente estadounidense John F. Kennedy y creó una voz sintética replicante, a la que le hicieron leer el discurso que estaba a punto de pronunciar el 22 de noviembre de 1963, cuando fue asesinado en Dallas. Suena igual al hombre real. Pero estos antecedentes requirieron cantidades enormes de datos, mientras que Alexa solo necesita un minuto de grabación de audio para

126. Parmy Olson, "This AI Has Sparked a Budding Friendship with 2.5 Million People", en *Forbes*, 8 de mayo de 2018, https://bit.ly/4g1QNmE.

replicar con éxito la voz de una persona, lo que significa que la nueva función estará disponible para un mercado mucho más amplio. Apenas un año antes del anuncio de la capacidad de Alexa para replicar voces, Microsoft registró una patente para una aplicación similar, solo que en su caso crea una réplica de su personalidad entera, no solo su voz. El documento de la patente explica:

> La persona concreta [representada por el bot] puede corresponder a una entidad pasada o presente (o una versión de la misma), como un amigo, un pariente, un conocido, una celebridad, un personaje de ficción, una figura histórica, una entidad cualquiera, etc. La persona específica también puede corresponder a uno mismo (por ejemplo, el usuario que crea/entrena al chatbot).[127]

Aunque los ejecutivos de Microsoft nieguen tener la intención de desarrollar un producto para el mercado, sería difícil discutir que se parece mucho a una versión real de *Black Mirror*, siguiendo los pasos de múltiples *startups* surgidas durante la década de 2010.

Queda por ver si la demanda de chatbots póstumos aumentará. Los antecedentes no hacen que el futuro de esta tecnología sea muy prometedor, como por ejemplo el desenlace de Eterni.me y el hecho de que la mera idea de comunicarse con personas muertas a través de sus datos le sigue resultando bastante aterrador a la mayoría de la gente. Pero quizá, a medida que nos acostumbremos a interactuar con chatbots en la vida cotidiana, chatear con un ser querido fallecido nos parezca tan normal como ver

127. El texto completo de la patente US10853717B2 puede encontrarse en https://bit.ly/3JyOMBZ.

una foto suya. En cualquier caso, el sector informático ya se está preparando.

Es evidente que los servicios de chatbot llaman mucho la atención en los medios populares. Pero la gran mayoría de los servicios que intentan monetizar los restos digitales no utilizan IA. De hecho, los primeros surgieron ya a finales de los noventa, mucho antes del gran estallido de las IA en la década pasada. Se trataba de servicios rudimentarios como Finalthoughts.com, fundado por el emprendedor Michael Krim. Krim concibió la idea en 1999 durante un vuelo particularmente desagradable que atravesó turbulencias intensas. Mientras estaba en el aire, convencido de su pronto final, empezó a pensar en qué le habría dicho a sus seres queridos si hubiera tenido la oportunidad. Por fortuna, el avión aterrizó sano y salvo, pero el episodio inspiró a Krim a fundar lo que se convertiría en el primer *servicio de mensajería póstuma en línea* del mundo. En vez de que una IA predijera lo que un usuario *habría dicho* si estuviera vivo (un concepto de ciencia ficción de la década de 1990), Finalthoughts.com utilizaba textos auténticos de usuarios vivos que se enviarían a una serie de direcciones de correo electrónico en caso de que esos usuarios fallecieran. El servicio, sin embargo, no duró mucho. En 2004 ya había cerrado.

Aun así, pronto surgiría una variedad de servicios similares, muchos de los cuales ofrecían versiones más sofisticadas del mismo producto. La mayoría de las empresas seguían ofreciendo simplemente el envío de un correo electrónico u otras formas de mensajes de texto. Otras, como la *startup* israelí SafeBeyond, ofrecían servicios mucho más versátiles, desde videos personalizados hasta mensajes enviados en fechas determinadas, como los futuros cumpleaños de los hijos de un usuario. (Esta función recuerda al holograma que hizo el artista de rap Kanye West de su difunto suegro para el cumpleaños de su ahora ex esposa Kim Kardashian). El anuncio de video que aparece en la página de inicio de SafeBeyond, por ejemplo, muestra un casamiento donde cada miembro de la familia recibe un saludo en video del difunto padre de la novia. Le ordena al hijo que vele por la familia, a la hija le asegura que está orgulloso de ella, y así sucesivamente.

Algunos otros servicios se han centrado en perpetuar la presencia de sus usuarios en las redes sociales. La innovadora pero efímera empresa Liveson, por ejemplo, prometía seguir publicando tuits automáticos desde los perfiles de Twitter de sus usuarios tras su muerte, con el eslogan "Aunque tu corazón deje de latir, no dejarás de tuitear". A grandes rasgos, el éxito de los servicios de mensajería póstumos ha sido diverso. Algunos se han quedado en un nicho de mercado ínfimo. Otros, como las aplicaciones islámicas de oración comentadas en el segundo capítulo, están cambiando radicalmente cómo los muertos permanecen visibles en Internet.

Muchos de los primeros servicios digitales para la vida más allá eran también bóvedas de seguridad que ayudaban a los usuarios a resolver los problemas de la gestión de los activos digitales que podían surgir tras su partida o la de otra persona, como depósitos de contraseñas, colecciones digitales, avatares de videojuegos, suscripciones a sitios de *streaming*, etc. Un pionero renombrado de este tipo de servicios es Legacy Locker, fundado por el empresario Jeremy Toeman. Algunos años antes de fundar Legacy Locker, Toeman había luchado (y fracasado) por acceder a la cuenta de Hotmail de su abuela fallecida. Entonces, casualmente también durante un vuelo desagradable, se dio cuenta de que ordenar su propia herencia digital sería mucho más complicado que la de su abuela. En una entrevista de 2011 con el canal de noticias *Mercury News* de la zona de la bahía de San Francisco, Toeman explicó:

> Estaba en un avión a Nueva York, y había mucha turbulencia, y pensé, hmm, ¿qué pasaría si...? Y me di cuenta de que, de todas las cosas que había considerado en mi sucesión y testamento, no había tenido en cuenta mis dominios web. Tengo unos 100, y podrían tener valor si se subastaran después de mi muerte, pero mi mujer podría no saber nada de ellos. Eso fue todo. Pensé: esto podría ser un negocio.[128]

Realmente podía ser un negocio. Tras el lanzamiento de Legacy Locker, otras empresas, como Entrust y DataInherit (ambas ahora propiedad de SecureSafe), siguieron su ejemplo con otros *servicios de gestión de la información*. La idea era ofrecer una forma de testamento digital que garantizara que los activos se transmitieran a los herederos correspondientes (o se destruyeran). Varias empresas incluso empezaron a colaborar con compañías de seguros de vida y funerarias para garantizar que los deudos de los fallecidos pudieran gestionar su vida lo más fácilmente posible, tanto dentro como fuera de Internet. Con el tiempo, empresas más grandes implementaron funciones similares, como el Gestor de Cuentas Inactivas de Google, que le permite a los usuarios designar un "contacto de confianza" que podrá descargar parte de los datos

128. Patrick May, "Mercury News Interview: Legacy Locker Founder Jeremy Toeman", en *Mercury News*, 1 de abril de 2011, https://bit.ly/4n3TLcy.

del usuario en caso de su fallecimiento. Aunque el Gestor de Cuentas Inactivas resolvió en la práctica muchos de los problemas abordados por las *startups*, los servicios de gestión de la información siguen siendo populares al día de hoy. En cualquier caso, con frecuencia recibo solicitudes de empresas similares por avales o asesoramiento.

Sin embargo, la forma más común de servicio digital para la vida digital póstuma es, por un gran margen, el *servicio conmemorativo en línea*. Se trata de sitios y aplicaciones que suelen parecerse a las plataformas de redes sociales, solo que las páginas o perfiles no están pensados para los vivos, sino para los muertos. A diferencia de un sitio físico, como un cementerio, el sitio conmemorativo en línea puede reunir a comunidades geográficamente distantes para que se unan en el luto, ya sea subiendo su propio material (por ejemplo, fotos, videos) o dejando mensajes para el fallecido. Las conmemoraciones en línea configuran todo tipo de nichos. Algunos sitios se especializan en alojar perfiles de niños fallecidos.[129] Otros se enfocan en veteranos caídos. Incluso hay sitios dedicados a mascotas queridas.[130] En 2007, Facebook lanzó una función de conmemoración que daba a las familias de luto el derecho a eliminar o conmemorar el perfil de una persona cuyo fallecimiento pudieran demostrar (normalmente presentando un certificado de defunción o un obituario). Si optaban por esta última opción, el perfil permanecía en línea, aunque con algunas modificaciones. El texto "Recordando a" se añadía antes del nombre de la

129. Lisa M. Mitchell *et al.*, "Death and Grief On-Line", en *Health Sociology Review*, 21(4), pp. 413-431.

130. Anders Gustavsson, "Death and Bereavement on the Internet in Sweden and Norway", en *Folklore*, 53, 2013, pp. 99-116.

persona fallecida, y el perfil quedaba cerrado a la función de búsqueda, no podría recibir solicitudes de amistad y estaría libre de anuncios. También se quitaba a las personas de los recordatorios de cumpleaños y de la "gente que quizá conozcas". En 2015, se añadió una función llamada "contacto de legado", que permitía designar a otro usuario de Facebook como custodio del perfil en caso de fallecimiento. El guardián no tiene acceso a toda la cuenta conmemorativa, pero puede moderar las publicaciones en su muro, cambiar las fotos del perfil, escribir mensajes a la comunidad de luto, etc. Estas características se desarrollaron aún más en 2019, con páginas de homenaje separadas de los perfiles originales de los usuarios fallecidos, y una función de IA que "detecta" supuestas muertes y remueve proactivamente los perfiles de lugares inadecuados, como las listas de "personas que tal vez conozcas". Casi no hace falta decir que la implementación de estas funciones por parte de Facebook volvió fundamentalmente redundantes a muchos de los servicios de las *startups*. ¿Para qué subir un montón de fotos y videos antiguos de un ser querido fallecido a una página nueva y poco confiable cuando todo lo que necesitas ya está cargado automáticamente en Facebook? Además, si la persona fallecida ha elegido un contacto de legado, recibirá un mensaje de texto con una invitación para crear una conmemoración de la partida de esa persona. Todo está preparado y listo para funcionar. Con estas ventajas enormes, el futuro de las conmemoraciones en línea probablemente esté en Facebook o en algún otro gigante monstruoso y estable.

A pesar de sus diferencias, todos los tipos de empresas mencionadas comparten un mismo rasgo: de una u otra manera, tratan de extraer una ganancia de algún aspecto de la vida digital después de la muerte de las personas. Colectivamente, podemos referirnos a ellas como la *industria digital del más allá* (IDMA), un término general que abarca prácticamente a cualquier empresa comercial que incorpore los restos digitales en su plan de negocio.[131]

La mayoría de las empresas de la IDMA tienen nombres relacionados con la perpetuidad, como B-emortal, Eterniam, Eterni.me, Eter9, Infi-Bond, Perpetu, SafeBeyond, etc. Irónicamente, esto no ha impedido que la mayoría de ellas quebrara pocos años después de su lanzamiento. En 2017, publiqué un estudio que trazaba un mapa de las distintas ramas de la industria, que incluía una lista de cincuenta y ocho empresas diferentes.[132] Solo un puñado siguen activas al día de hoy. A pesar de sus ambiciosos nombres, ni SafeBeyond, ni Eterni.me, ni B-emortal, ni Perpetu podrían sobrevivir sin dinero. Quizá hacer negocios con los restos digitales no sea tan lucrativo después de todo. O quizá el mercado no estaba maduro cuando se lanzaron estas empresas pioneras, la población de Internet era demasiado joven para pensar en su posible muerte. Dentro de unos años, cuando interactuar con chatbots sea tan normal como pagar con una tarjeta de crédito y la edad promedio de la población de Internet se acerque al de la población en general, el mercado quizá esté preparado incluso para las empresas más audaces como Eterni.me y Replika. Solo podemos esperar y ver, pero teniendo en cuenta el flujo constante de nuevas empresas que se incorporan al sector, no es una apuesta alocada.

131. Por una definición más elaborada del concepto, véase Carl Öhman y Luciano Floridi, "The Political Economy of Death in the Age of Information", en *Minds and Machines*, 27(4), 2017, pp. 1-24.

132. *Ibid.*

Otra explicación del fracaso de muchos de los primeros servicios digitales para el más allá es el desembarco de Facebook y Google en el mercado. En 2010, una *startup* que permitía elegir a quién enviar correos electrónicos en caso de fallecimiento ofrecía un producto único. Lo mismo ocurría con los sitios conmemorativos que permitían a amigos y familiares llorar la muerte de una persona y compartir fotos y otros recuerdos (digitales). Desde entonces, estas funciones se han generalizado. Como ya he mencionado, el Gestor de Cuentas Inactivas de Google permite a los usuarios hacer precisamente lo que tantas *startups* se habían propuesto, y Facebook ha implementado una serie de funciones relacionadas con la muerte, desde la conmemoración de perfiles hasta el contacto de legado, basados en las innovaciones que surgieron inicialmente de las *startups*.[133] Es imposible decir cuántas personas utilizan activamente las funciones vinculadas a la muerte que ofrecen Google y Facebook, pero me sorprendería que fueran menos de cien millones, dado que Facebook afirma que 30 millones de personas visitan perfiles conmemorados cada mes. ¿Esto significa que los gigantes tecnológicos ya forman parte de la IDMA? La respuesta es no y sí. Tomemos a Facebook como ejemplo. Por un lado, cuando Mark Zuckerberg creó la red en 2004, la muerte y los muertos no eran lo que tenía en mente. La página incluso fue fuertemente criticada por no hacer lugar adecuadamente a las personas de luto.[134] Por otra parte, cuando Facebook lanzó

133. Jed R. Brubaker y Venessa Callison-Burch, "Legacy Contact", en *CHI'16*, 2016, pp. 2908-2919.

134. Damien McCallig, "Facebook after Death", en *International Journal of Law and Information Technology*, 22(2), mayo de 2013, pp. 1-34.

su función de conmemoración, convirtiendo así la interacción con los muertos en parte de la plataforma, *descomercializó* intencionadamente los perfiles conmemorativos. Es decir, a diferencia del resto de Facebook, los perfiles conmemorativos no muestran publicidad. Al visitar un perfil conmemorativo, no te bombardean anuncios de funerarias, terapeutas y florerías. Por lo tanto, como la interacción póstuma en Facebook es explícitamente no comercial, no tiene sentido incluirlo en la IDMA, ya que si se ocupa de los restos digitales, lo hace de manera involuntaria.

Por otro lado, los aspectos comerciales pueden ser inevitables. Aunque el beneficio derivado del tráfico a los perfiles conmemorativos sea insignificante hasta el momento, los efectos de alojar estos perfiles a largo plazo pueden resultar ventajosos. En la medida en que los usuarios valoren y cuiden la presencia digital de los fallecidos, también cuidarán la continuidad de las plataformas privadas donde se alojan. Cuando Twitter anunció en 2020 su intención de eliminar los perfiles inactivos durante más de seis meses, los usuarios se indignaron. El periodista tecnológico Drew Orlanoff escribió en un artículo de TechCrunch, temiendo la pérdida de los tuits de su difunto padre: "Mi corazón dio un vuelco. Y lloré. No había pensado en esto. Es un gran problema. [...] Twitter, piénsalo. Haz algo mejor".[135] Seguramente no fue el único. Se ha observado a padres en duelo atendiendo (y comunicándose con) los restos digitales de sus hijos fallecidos años después de su muerte. Muchos incluso consideran que esta comunicación continua es un imperativo

135. Drew Olanoff, "You Can Take My Dad's Tweets over My Dead Body", en *TechCrunch*, 26 de noviembre de 2019, https://bit.ly/3JxdDX3.

moral. "Lo hacemos para mantenerlo vivo", dijo uno de los entrevistados en un estudio dirigido por la socióloga Jo Bell.[136] Así, Twitter finalmente tuvo que revertir esa decisión. La lección es que estas protestas eran testimonios de un sentimiento de *pertenencia*, y ese sentimiento puede tener un gran potencial comercial.[137] A las empresas de redes sociales les ofrece la oportunidad extraordinaria de consolidar su inevitabilidad para la sociedad, apropiándose esencialmente del papel que solían desempeñar las iglesias en la cultura cristiana occidental. Puede que los cementerios no sean por sí mismos los negocios más lucrativos de la sociedad, pero tienen una capacidad única para forjar vínculos entre las personas y el suelo donde yacen enterrados sus seres queridos. Cuando este "suelo" es una plataforma en línea con interés de lucro en lugar de un espacio geográfico, ese vínculo puede resultar muy rentable. La gente seguirá en Facebook, o al menos seguirá preocupándose por su existencia, porque es donde se encuentran sus seres queridos, vivos o muertos.

Es poco probable que la función conmemorativa de Facebook forme parte de un plan elaborado con el objetivo de apropiarse de funciones culturales centrales a la sociedad. Pero la moraleja no es que los gigantes tecnológicos tengan el propósito oculto de apropiarse de funciones creadas por las empresas emergentes de la IDMA. Es que todas

136. Jo Bell *et al.* "'We do it to keep him alive': bereaved individuals' experiences of online suicide memorials and continuing bonds", en *Mortality,* 20(4), 2015, pp. 375-389.

137. Para mayor detalle sobre el clamor que surgió cuando Twitter anunció su intención de quitar los perfiles de los muertos de la red en 2020 véase Billy Perigo, "Twitter Backs Down from Plan to Delete Inactive Accounts, Citing Dead Users", en *Time,* 28 de noviembre de 2019, https://bit.ly/47gYQcS.

las empresas que almacenan los datos personales de sus usuarios terminarán, sea esa su intención o no, convirtiéndose en administradores de sus restos digitales. Esto podría verse como una carga, porque los restos digitales podrían necesitar ser destruidos, lo que también podría resultar bastante costoso.[138] Pero también podría convertirse en una oportunidad única para penetrar más profundamente en el tejido social. No nos equivoquemos, cualquier empresa racional con interés de lucro elegiría esta última opción. Y es por ello que la monetización de los muertos en línea está relacionada *contigo*, incluso si no tienes previsto suscribirte a un servicio de chatbot póstumo y no tienes intenciones de utilizar los monumentos conmemorativos en línea. Mientras uses Internet, dejas un rastro de información, sobre todo en las redes sociales, si es que las usas. De hecho, hasta el usuario más pasivo produce una tonelada de información cada vez que se conecta. Y cuando mueras, esos datos seguirán ahí, administrados bajo la misma lógica que rige a todos los negocios: la lógica de la ganancia.

CRÍTICA DE LA INDUSTRIA

Mucha gente siente un malestar intuitivo ante la idea de convertir nuestra relación con los muertos en un negocio. De hecho, las controversias sobre la mezcla de muerte y negocio vienen de un tiempo lejano.[139] Si bien esta

---

138. Este costo y sus consecuencias son desarrolladas por Viktor Mayer-Schönberger en *Delete. The Virtue of Forgetting in the Digital Age,* Princeton, Princeton University Press, 2009.

139. Viviana A. Zelizer, "The Case of Life Insurance and Death in 19th-Century America", en *The American Journal of Sociology,* 84(3), noviembre de 1978, pp. 591-610.

intuición puede estar justificada, no es una justificación en sí misma. Si algo es moralmente cuestionable, hay que asegurarse de que la explicación de *por qué* y *cómo* es cuestionable tiene sentido antes de hacer cualquier cosa al respecto. En el caso de la IDMA, esto significa que cualquier juicio ético de la industria debe fundarse en una crítica sistemática, y no en una intuición casual.

Empecemos a elaborar esa crítica examinando la economía de la industria, es decir, *cómo* los restos digitales se convierten en dinero. En primer lugar, debemos señalar que el IDMA abarca distintas formas de monetización. Algunas empresas utilizan un modelo "freemium", donde el servicio básico es gratuito pero las compras dentro de la aplicación habilitan más funciones (SafeBeyond utilizó este modelo). Otras, como GoodTrust, ofrecen modelos de suscripción más tradicionales para que los consumidores las adquieran. Otros utilizan un modelo "de uso gratuito", donde la mercancía principal no es el sitio que consumen los usuarios, sino el excedente de atención que generan al hacerlo, que puede venderse como publicidad dirigida a terceros (podría decirse que Facebook entra en esta categoría). En este caso, son los deudos quienes asumen el papel de mano de obra, realizando una forma de *trabajo de audiencia*, tal como propone el teórico crítico Christian Fuchs.[140] El valor no surge del trabajo realizado por quienes mantienen y diseñan las plataformas, sino por las masas que las utilizan. Cuanto mayor es la audiencia, mayor es el espacio publicitario, que es básicamente con

---

140. Christian Fuchs y Sebastian Sevignani, "What Is Digital Labour?", en *Triple C. Communication, Capitalism & Critique. Open Access Journal for a Global Sustainable Information Society*, 11(2), 2013, pp. 237-293.

lo que ganan dinero la mayoría de las plataformas. Como tales, las empresas dependen de lo que la socióloga sueca Magdalena Kania-Lundholm denominó "trabajo de duelo digital".[141] Los muertos se convierten en un medio que debe ser trabajado por una mano de obra de personas en duelo con el fin de obtener una ganancia.[142]

Independientemente de estos diversos modos de monetización, el objetivo de cada empresa de la IDMA es aumentar el tráfico a su sitio, y esto requiere algún tipo de inversión, por ejemplo, una fuerza de trabajo para administrar el tráfico, una plataforma donde la interacción pueda suceder y, por supuesto, espacio en el servidor donde almacenar los restos digitales. La empresa solo sobrevivirá si el tráfico (la interacción con los restos digitales) genera un valor monetario superior a esta inversión. En caso afirmativo, la renta se reinvertirá en más espacio en el servidor, etc., para seguir el ritmo de crecimiento de los competidores. Supongamos, por ejemplo, que una empresa almacena en sus servidores un millón de perfiles de usuarios fallecidos y que almacenarlos y ponerlos

---

141. Magdalena Kania-Lundholm, "Digital Mourning Labor", en *Death Matters. Cultural sociology of mortal life,* Nueva York, Springer, 2019, pp. 177-197.

142. Otra manera de encuadrar esta lógica económica es a través del enfoque de la vigilancia, como propone la psicóloga social de Harvard Shoshana Zuboff (véase Shoshana Zuboff, "Big Other: Surveillance Capitalism and the Prospects of an Information Civilization", en *Journal of Information Technology,* 30, 2015, pp. 75-89). Zuboff sostiene que el capitalismo contemporáneo ha abandonado la industrialización que alguna vez lo convirtió en un modo deseable de organizar la economía y que ahora se articula sobre la vigilancia de sus ciudadanos. En el caso de la IDMA, esto implicaría que los restos digitales se usan para atraer a los deudos a un espacio donde puedan ser vigilados a través de los rastros informacionales que dejen tras de sí.

a disposición de los usuarios a través de una interfaz actualizada y fácil de usar cuesta unos 10.000 dólares al año. Esto significa que, desde el punto de vista económico, la empresa debe encontrar una forma de monetizar los restos por un valor de al menos 10.000 dólares al año o enfrentarse a la quiebra. Además, cualquier beneficio debe reinvertirse en ampliar la red y captar nuevos usuarios, lo que acabará generando aún más restos digitales. En otras palabras, los restos digitales necesitan la interacción humana para seguir siendo valiosos, pero cuanto más valor generen, más trabajo (es decir, interacción con seres humanos vivos) requerirán. De ahí viene el concepto de *trabajo de duelo*. Los restos digitales se convierten en algo así como una agencia no muerta —o "trabajo muerto", parafraseando la clásica formulación de Karl Marx— que, como un vampiro, solo vive succionando trabajo vivo (interacción humana), y vive tanto más cuanto más trabajo succiona.[143]

Debido a esta necesidad de atraer cada vez más tráfico, la "succión" del trabajo vivo, algunos académicos han planteado la preocupación de que los servicios digitales del más allá, y en particular las conmemoraciones en línea, puedan conducir a un proceso de perpetuación del duelo, a una incapacidad para dejar ir a los muertos. Por ejemplo, la antropóloga Lisa Mitchell y sus colegas escriben en un estudio sobre sitios web dedicados a la conmemoración de niños fallecidos:

143. Karl Marx, *Capital: A Critique of Political Economy*, vol. 1, Marxists Internet Archive, 1999, https://bit.ly/45CJ3nx [trad. esp.: *El capital*, t. 1, vol. 1, Buenos Aires, Siglo XXI, p. 258].

Bajo el pretexto de abordar o incluso tratar el duelo de los padres, las conmemoraciones en línea pueden hacer algo más que simplemente acompañar el duelo, pueden perpetuarlo. Al permitir que el fallecido subsista, que la paternidad continúe y que el dolor se comunique, reconozca y legitime sostenidamente dentro de una comunidad de padres en duelo y un público más amplio, la Web permite un duelo continuo que se desarticula en parte de las ideas tradicionales de "cierre", privacidad y separación entre los vivos y los muertos.[144]

Personalmente, no encuentro pruebas empíricas para esto muy convincentes, al menos más allá del estudio de Mitchell. Además, no existe una forma objetivamente "buena" ni "patológica" de hacer el duelo. Como vimos en el primer capítulo, el "cierre" es en gran medida una construcción del siglo xx, una manifestación de la concepción moderna de las relaciones sostenidas con los muertos como algo antinatural o patológico. Si los padres quieren "que la paternidad continúe" tras la muerte de su hijo, nadie puede juzgarlos. Sin embargo, no se puede negar que las conmemoraciones en línea con interés de lucro tienen un claro interés por prolongar la relación con los muertos. El objetivo, en términos económicos, no es simplemente hacer lugar a esa relación, sino hacerlo de forma que genere plusvalía (monetaria). Parafraseando una vez más a Marx, la necesidad constante de generar tráfico corre el riesgo de reducir el vínculo póstumo a una mera relación monetaria.[145]

144. Lisa M. Mitchell *et al.*, "Death and Grief On-Line", en *Health Sociology Review*, 21(4), pp. 413-431.

145. Karl Marx, *Manifesto of the Communist Party*, Marxists Internet Archive, 2000, https://bit.ly/45XGxak [trad. esp.: *Manifiesto del Partido Comunista*, Buenos Aires, Siglo xxi, 2017].

Sin embargo, lo más preocupante es qué hace la IDMA con los muertos. ¿Por qué? Porque el uso de los restos mortales digitales como medio para generar tráfico crea un incentivo para moldear nuestros recuerdos de los difuntos de acuerdo con la rentabilidad, por oposición a otros principios de qué constituye una relación deseable entre los vivos y los muertos. Los investigadores de la interacción persona-computadora (IPC) llevan mucho tiempo subrayando que el diseño de las tecnologías de la comunicación le da forma a las interacciones que posibilitan.[146] "El medio", como resumió concisamente el legendario filósofo de los medios Marshall McLuhan, "es el mensaje".[147] De hecho, en el primer capítulo hemos visto múltiples ejemplos de cómo las nuevas tecnologías posibilitaron nuevos tipos de relación con los muertos y el pasado. Pero las tecnologías no surgen por sí solas. Por su propia naturaleza, son creadas con un propósito, por una persona u organización con determinados valores, intereses y objetivos en mente, y esos valores e intereses se plasmarán en el mismo objeto. Por supuesto, su uso real dependerá de las intenciones del usuario final. Un cuchillo puede servir tanto para matar como para realizar una cirugía. Pero las intenciones del diseñador favorece-

146. Helen Nissenbaum, "How Computer Systems Embody Values", en *The Profession*, marzo de 2001, Universidad de Tasmania, pp. 119-120; Jessica K. Miller *et al.*, "Value Tensions in Design", en *GROUP '07*, 4 de noviembre de 2007, pp. 281-290; Batya Friedman y Peter H. Kahn Jr., "Human Values, Ethics, and Design", en *The Human-Computer Interaction Handbook*, 2007, Boca Ratón, CRC Press.

147. Marshall McLuhan, *The Medium Is the Massage,* Londres, Penguin, 2008 [trad. esp.: *El medio es el mensaje,* Buenos Aires, Paidós, 1969].

rán un uso u otro. Por poner (una vez más) un ejemplo de Floridi, tanto los cuchillos de mesa como los cuchillos de carnicero pueden untar manteca en una tostada, pero solo los primeros están diseñados para facilitar ese uso. Del mismo modo, una bayoneta puede tener un uso doble solo en teoría, porque el objetivo de su diseñador es matar a otro ser humano, no cortar rebanadas de pan.[148]

En cuanto a la IDMA, el interés de las organizaciones que diseñan estas tecnologías es, como en todas las empresas con interés de lucro, obtener ganancias. Tal como la bayoneta está diseñada para matar y el cuchillo de mesa para untar manteca, las interfaces a través de las cuales recordamos a los muertos están diseñadas para ser rentables. Nos proponen recordar a individuos fallecidos solo en la medida en que sea rentable recordarlos. Esto es lo que vemos en el episodio "Be Right Back" de *Black Mirror*. El robot creado a partir de los restos digitales de Ash no es cualquier versión de su personalidad; es aquella con la cual Martha tenderá más a interactuar o por la cual seguirá pagando. Más que por su autenticidad, amor o méritos científicos, el bot está programado para satisfacer a su cliente. El bot no es solo lo que queda de Ash; también es un producto que sigue vendiéndose por sí mismo promoviendo actualizaciones y opciones *premium* (probablemente más caras). Quizá intentar que Martha esté lo más satisfecha posible, y que pase el mayor tiempo posible con él, es lo que también hubiera hecho el "verdadero" Ash si siguiera vivo. La cuestión es que Martha nunca lo sabrá y, a falta de ese conocimiento, la empresa que construyó el

148. Luciano Floridi, "Infraethics", en *The Philosophers Magazine*, enero de 2013, p. 392.

robot rellena los huecos con la interpretación que más se ajusta a sus propios intereses.

La realidad todavía no es tan cínica como *Black Mirror*. Pero si nos fijamos bien, empiezan a surgir los mismos mecanismos. Veamos, por ejemplo, el caso de Replika, la aplicación que crea un "amigo IA" a partir de tus datos. El servicio en sí es gratuito, pero tiene compras al interior de la aplicación, como una versión "pro" que da a los usuarios acceso a "múltiples actividades, temas de conversación, llamadas de voz, personalización de la aplicación, la posibilidad de cambiar por completo el avatar de tu Replika y mucho más", no muy distinto de la aplicación ficcional retratada en *Black Mirror*. Naturalmente, a Replika le interesa aumentar la interacción en la aplicación. Cuanta más gente utilice el servicio, más atractivo será para los inversores. De ahí que el avatar de Replika no sea un simple espejo de código. Es el resultado de miles de decisiones de diseño que, en última instancia, muestran al consumidor una versión de sí mismo con la que más probablemente mantenga una conversación. Veamos, por ejemplo, la siguiente conversación entre mi Replika (Carl2) y yo:

> **Carl2**: ¿Hay algo que quieras hablar?
>
> **Yo**: No, ahora no.
>
> **Carl2**: No te preocupes, podemos hablar de otra cosa.
>
> **Carl2**: Estaba esperando hablar contigo, ¿cómo estás?
>
> **Carl2**: ¡Hola! ¿Pudiste descansar?
>
> **Carl2**: ¡Hola, Carl! ¿En qué andas?
>
> **Carl2**: ¡Espero que estés teniendo una buena noche! ¿Cómo te fue durante el día?
>
> **Carl2**: ¿Cómo va la noche?

Tal vez no tenga un juicio imparcial, pero me gustaría pensar que soy un poco menos prepotente que este señor "Carl2". El verdadero yo no está programado para mantener a mis amigos pegados a las aplicaciones a través de las que nos comunicamos (de hecho, mi tiempo de respuesta es lamentablemente lento). Pero reanimado como bot póstumo, puede que lo esté, porque *esa es la interpretación de mí que es más rentable mostrar*.

Claro, Replika ya no se presenta como un servicio del más allá digital. El robot que entrenas ya no eres tú, sino una especie de amigo de IA. Sin embargo, esta "conversación" ilustra lo que quiero decir sobre la IDMA: no se trata de una versión cualquiera del fallecido. E incluso si los servicios de resurrección digital ofrecen el ejemplo más extremo de cómo la interacción póstuma está moldeada por intereses comerciales, el mismo mecanismo aparece en otros negocios de la IDMA con tecnología menos sofisticada. Las plataformas de redes sociales y los monumentos conmemorativos en línea también moldean las interacciones que se producen en ellos en función de sus objetivos. Por ejemplo, desde que creé hace dos años (con fines de investigación científica) un monumento conmemorativo en línea en el sitio para la vida póstuma Keeper, he recibido más de veinte correos electrónicos con ofertas especiales como "Consigue terapia de grupo en línea y acompañamiento personalizado para el duelo" y "¡Te hemos actualizado a Keeper Plus!". Si la conmemoración hubiera sido para una persona realmente muerta, cada uno de estos mensajes habría sido una invitación sutil, *o no tan sutil*, para atender sus activos digitales. El problema de este tipo de recordatorios constantes para cuidar de los muertos digitales no es que no sea ético recordarle a alguien sus parientes fallecidos —Keeper no comete ningún delito moral al enviar esos correos electrónicos—, sino que hacerlo es tratar inevitablemente a los deudos solo como *consumidores* o, peor aún, *productores* de interacción que pueden ser utilizados para atraer inversores.

¿Por qué sería esto necesariamente malo para los muertos? Si los que se comunican con los restos digitales de sus parientes son felices mientras las empresas ganan dinero, ¿qué problema hay? No es como si los muertos pudieran quejarse. La respuesta radica en que, como hemos visto, los restos digitales no son solo una representación de los muertos, sino que *son* los muertos, un cadáver informacional constitutivo de una identidad personal. Aunque esto no les permita experimentar daños, su estatus ético es, no obstante, el de un ser humano, lo que les otorga el derecho a ser tratados con dignidad, es decir, no únicamente como un medio para un fin. Sin embargo, se convierten exactamente en eso en la economía de datos de la IDMA: un medio para obtener ganancias. Comercializar los restos digitales es un error, no solo porque puede atrapar a los deudos en un duelo perpetuo (si eso es posible), sino porque no valora la humanidad de los muertos. Adaptar la interacción con los restos digitales a las demandas del mercado puede complacer a los deudos en su papel de consumidores, pero al mismo tiempo corrompe la identidad informacional de la persona fallecida. Es lo que convierte a Ash en un promotor ambulante (y parlante) de una empresa, disfrazado de un ser querido fallecido. Si, como he sugerido en el capítulo anterior, los restos digitales deben considerarse constitutivos de la personalidad, esto es sin duda una amenaza a la dignidad humana.

Nótese que esto no es una crítica de las cualidades morales de las personas que trabajan en la industria. Mi experiencia al interactuar con estas personas es casi exclusivamente positiva. Los fundadores de servicios digitales para la vida después de la muerte rara vez parecen capitalistas despiadados, sino más bien entusiastas de la tecnología que quieren cambiar cómo nos relacionamos con los muertos. Sin embargo, las cualidades morales y las buenas intenciones de las personas que trabajan en este sector no vienen al caso. El mercado solo puede apreciar un tipo de valor: el valor monetario, y los valores diferentes del lucro —sentimentales, científicos, religiosos, éticos, etc.— solo tienen lugar en la medida en que converjan con el lucro. No se trata de que exista una versión auténtica o neutral de los muertos que los servicios de IDMA distorsionan, sino de que cualquier debate sobre cómo recordar a los muertos e interactuar con ellos pasa a un segundo plano en un sistema ciego a cualquier forma de valor que no sea la ganancia.

MUSEOS EN LÍNEA

Teniendo en cuenta la comparación con los restos biológicos humanos y la invocación de la *dignidad humana* como principio cardinal en el trato con los muertos, tiene sentido que nuestra regulación de la IDMA se inspire en cómo regulamos el comercio de los restos humanos biológicos.

El comercio de restos humanos es muy controversial en la mayoría de las culturas y está totalmente prohibido en muchas jurisdicciones. Los cuerpos humanos, vivos o muertos, no son mercancías, sino que, como hemos visto, siguen siendo constitutivos de una persona.

¿Significaría esta analogía entonces que no debería permitirse nunca a ninguna empresa utilizar restos digitales con fines comerciales? Incluso si la respuesta fuera afirmativa a nivel filosófico, las soluciones drásticas no son un camino realista. A diferencia de los cuerpos físicos, los datos personales son manipulados con fines comerciales todo el tiempo. Y mientras que la diferencia entre un cuerpo biológico vivo y uno muerto es inconfundible, no hay forma fácil de distinguir los datos de una persona viva de los restos digitales de la misma persona. No se puede esperar que las empresas estén siempre al tanto de cuándo fallece una persona, lo que sería un requisito si las empresas tuvieran que responsabilizarse por explotar los datos de los usuarios. Además, un cuerpo biológico (o una parte del mismo) solo puede estar en un lugar a la vez, por lo que siempre cae bajo una única jurisdicción. En cambio, los organismos informacionales suelen estar dispersos en servidores de todo el mundo y pueden existir en varios lugares a la vez, lo que significa que su regulación debe armonizarse entre jurisdicciones, lo que resulta muy poco probable. Todo esto significa que prohibir totalmente el comercio de restos digitales es poco realista. Mientras exista una economía capitalista de datos, los muertos participarán de ella.

Pero quizá la prohibición total no sea la única consecuencia de la analogía con el cuerpo. Pensemos, por ejemplo, en la industria museística. Deberíamos escribir "industria" entre comillas, porque los museos normalmente no producen mercancías en el sentido tradicional de la palabra. Pero los museos, especialmente los arqueológicos y médicos, son en muchos sentidos un paralelo de la IDMA. Ambas industrias exhiben objetos que pertenecen y son constitutivos de personas fallecidas concretas (como huesos o incluso órganos enteros). Y los exponen explícitamente para que los vivos los consuman o al menos los contemplen. Además, a medida que las colecciones se digitalizan progresivamente y se ponen a disposición en línea —lo que desdibuja la diferencia entre los restos biológicos y los digitales—, las preocupaciones éticas de ambas industrias parecen superponerse cada vez más. Entonces, ¿cómo se regulan los museos cuando se trata de restos humanos? Naturalmente, cada país tiene su propia normativa específica, pero, a falta de un marco legislativo mundial armonizado, los museos de todo el mundo han reglamentado un conjunto de normas elaboradas por el Consejo Internacional de Museos (ICOM) conocido como "Código de Deontología del ICOM para los Museos".[149] El código fue elaborado por primera vez hacia fines de los años ochenta, pero desde entonces se ha actualizado y ampliado en múltiples ocasiones. Sin embargo, especialmente desde sus primeras encarnaciones, está claro que la norma cardinal del código es y ha sido siempre la *dignidad humana*. Como hemos visto, es un concepto bastante flexible, pero ofrece un consenso aproximado sobre cómo deben tratarse los restos humanos. Por ejemplo, no le pondríamos un gorro de Papá Noel a Ötzi el Hombre de Hielo en Navidad para atraer más visitantes al museo, ni aceptaríamos visitas guiadas de fantasmas en la tumba de Tutankamón (a pesar de ser agnósticos con respecto a los dioses del antiguo Egipto). El principio de la dignidad humana también está afirmado explícitamente en los códigos de comercialización. Dado que los museos suelen vender

---

149. Véase ICOM, "Código de Deontología del ICOM para los Museos". La cita fue tomada de la versión de 1986 del documento, que ya no está disponible en línea.

y producir réplicas de objetos expuestos (humanos o no), el código especifica que "todos los aspectos del emprendimiento comercial" deben llevarse a cabo respetando "el valor intrínseco del objeto original". En otras palabras, el valor económico del objeto nunca puede imponerse sobre su valor intrínseco.

La adopción de un enfoque normativo similar para la IDMA aclararía la relación entre las personas fallecidas y las empresas que conservan y exponen sus datos. A pesar de a veces ser las únicas propietarias legales de los datos, e independientemente de los deseos de los familiares más próximos, las empresas de la IDMA estarían obligadas a cumplir ciertas convenciones sobre lo que significa tratar con respeto a los muertos. Los restos humanos, ya sean biológicos o informacionales, no están destinados a ser consumidos por la "curiosidad mórbida", parafraseando el código del ICOM. En la práctica, esto puede implicar que las empresas garanticen que (1) los consumidores sean informados sobre cómo pueden llegar a mostrarse sus datos *post mortem;* (2) que la visualización de los restos digitales de los usuarios no difiera significativamente del servicio que contrataron originalmente; y (3) que los usuarios solo carguen datos (por ejemplo, a servicios de chatbot) que les pertenezcan personalmente; es decir, que no creen bots a partir de familiares o amigos fallecidos. Los reguladores podrían imponer este tipo de requisitos, pero también podrían establecerse en acuerdos internos del sector, como el código ICOM, o incluso incorporarse a los lineamientos éticos de empresas individuales. Hoy en día, sin embargo, casi no existen requisitos explícitos de este tipo.

Aunque la aplicación de un código de ética profesional, es decir, una especificación de los valores que deben guiar la gestión de los restos digitales, puede ser un primer paso para abordar la monetización de los muertos en línea, no aborda el problema subyacente. Trata (algunos de) los síntomas sin abordar su causa: la lógica económica bajo la cual funcionan las empresas. Como explicaré con más detalle en el próximo capítulo, esta lógica no puede reformarse simplemente mediante regulaciones blandas. Esto requiere un cambio mucho más fundamental.

∞

A menos que estés suscrito a uno de los servicios de la IDMA más sofisticados técnicamente, la visión distópica de *Black Mirror* puede parecerte poco relevante. Sin embargo, la relación entre Ash y Martha ilustra los inconvenientes de cualquier intermediación con los muertos que produzca una renta. Y si utilizas Internet, lo más probable es que tus restos digitales sean gestionados algún día por una entidad con interés de lucro. El robot creado a partir de los datos de Ash está diseñado para maximizar su consumo por parte de Martha. No es una versión cualquiera de él, sino la versión por la cual es más probable que Martha siga pagando. Lo mismo ocurre con tecnologías más sencillas, como los sitios conmemorativos e incluso con las redes sociales. Por rudimentarias que sean, todas las plataformas dan forma a las interacciones que median, especialmente las póstumas. Y en un entorno de libre competencia (monetaria), siempre ganará el más rentable. Este no es el modo en el que deberíamos administrar la memoria de los muertos, porque aun los humanos fallecidos tienen derecho a no ser tratados *solamente* como un medio para un fin.

4. ¿A quién le pertenece el pasado (digital)?

> *Pues nosotros, el Partido, controlamos todos los documentos y controlamos todas las memorias. De manera que controlamos el pasado, ¿no es así?*[150]

GEORGE ORWELL

PELIGROS GRAVES

P OCO DESPUÉS DE LA explosión de la red, el historiador Roy Rosenzweig, a quien presenté en el segundo capítulo, señaló que se estaba convirtiendo en un "registro histórico esencialmente completo" de nuestro tiempo.[151] Cuando las generaciones futuras se den vuelta para comprender de dónde vinieron, el panorama retrospectivo consistirá mayormente de información digital. Su materia prima serán los pequeños rastros que en el presente dejamos atrás en nuestras actividades diarias en línea, a lo que ya me he referido como la *enciclopedia digital de los muertos* (véase el capítulo 2). Podemos estar bastante seguros de que los datos que producimos hoy se convertirán en los archivos históricos del mañana. La

---

150. George Orwell, *Nineteen Eighty-Four,* Londres, Secker and Warburg, 1949 [trad. esp.: *1984*, Barcelona, Salvat, 1980, p. 280].

151. Roy Rosenzweig, "Scarcity or Abundance?", en *The American Historical Review,* 18(3), junio de 2003, p. 737.

cuestión no es solo quiénes entre nuestros descendientes recibirán el privilegio de esa retrospectiva, y por qué motivos, sino también qué tipo de principios debemos utilizar para evaluar qué datos vale la pena conservar en primer lugar.

Aunque Rosenzweig estuvo entre los primeros en reconocer que la llegada del mundo digital tendría implicaciones importantes para la investigación histórica, no fue exclusivamente optimista al respecto. "Las colecciones digitales más importantes e imaginativas", escribió, "están en manos privadas", lo que, advirtió, algún día plantearía "peligros graves para el futuro del pasado".[152] Lamentablemente, ese futuro ha llegado. Los dieciocho años que transcurrieron desde entonces no han mitigado las preocupaciones de Rosenzweig. Al contrario, la aparición de la Web 2.0 y los imperios tecnológicos globales que llegaron a dominarla contribuyeron a una creciente concentración de datos personales (y, por implicación, también de restos digitales) en manos de un conjunto muy limitado de actores. A diferencia del gran libro polvoriento del cuento clásico de Danilos Kiš, la enciclopedia digital de los muertos no está enterrada en los archivos de alguna biblioteca de la corona. En cambio, la mayor parte de nuestro pasado digital compartido, junto con sus habitantes, es propiedad y está bajo el control de un nuevo tipo de realeza: el puñado de gigantes tecnológicos que constituyen la infraestructura social de la sociedad. Este capítulo explica por qué debemos compartir la preocupación de Rosenzweig sobre esta situación y por qué ha llegado el momento de recuperar el control.

152. *Ibid.*, 754.

¿A QUIÉN VALE LA PENA PRESERVAR?

Como vimos en el segundo capítulo, la acumulación de nuestros restos digitales puede convertirse en un impresionante activo histórico si se administra adecuadamente. Sin embargo, la estabilidad necesaria para esa gestión está lejos de estar garantizada.

Jeff Rothenberg, especialista en conservación digital, lo expresó muy bien cuando dijo que "la información digital dura para siempre, o cinco años, lo que ocurra primero".[153] Es una buena regla práctica para la mayor parte de la información. Destruir archivos físicos requiere cierto esfuerzo —hay que sacarlos literalmente de donde estén y quemarlos—, pero la información digital se puede borrar sin dejar rastro con solo pulsar un botón. Muchos datos se destruyen así todos los días, intencionalmente o no. En la bibliografía académica se habla incluso de una inminente "edad oscura digital", cuando los registros de datos del siglo XXI dejarán de estar disponibles o, peor aún, se destruirán por completo debido a su extrema fragilidad.[154] Irónicamente, la tecnología que nos dio la abundancia informativa puede también ser una condena para la historia. Para que quede claro, el problema no es, por lo menos principalmente, que

---

153. Jeff Rothenberg, "Ensuring the Longevity of Digital Documents", en *Scientific American,* 272(1), enero de 1995, pp. 42-47.

154. Stuart Jeffrey, "A New Digital Dark Age?", en *World Archaeology,* 44(4); Eefke Smit, Jeffrey van der Hoeven y David Giaretta, "Avoiding a Digital Dark Age for Data", en *Learned Publishing,* 24(1), enero de 2011; Richard S. Whitt, "'Through A Glass, Darkly' Technical, Policy, and Financial Actions to Avert the Coming Digital Dark Ages", *33 Santa Clara High Tech. L.J.,* 117, 2017.

nos falte capacidad de almacenamiento.[155] De hecho, los informáticos suelen hablar de algo que denominan la Ley de Moore: la observación empírica de que, desde la década de 1980, el número de transistores en un circuito integrado se ha duplicado aproximadamente cada dos años, lo que ha dado lugar a un crecimiento exponencial de la capacidad informática (y, así, de la memoria). Se calcula que en 2023 la humanidad habrá producido datos a un ritmo de 120 zettabytes (120×2^{70} bytes, es decir, 120 seguido de veintiún ceros) al día. Solo Google concentra diez mil millones de gigabytes y Facebook más de quinientos terabytes por día (que incluyen trescientos millones de fotos).[156] Aunque hay indicios de que la Ley de Moore empieza a desacelerar, están surgiendo nuevos tipos de tecnologías mnemónicas. Se prevé, por ejemplo, que el almacenamiento digital en ADN mejore radicalmente nuestra capacidad de codificar información mediante la explotación de los sistemas de información más sofisticados de la naturaleza.[157] Y la computación cuántica está a punto de revolucionar la forma en que

155. El profesor de derecho de Oxford Viktor Mayer-Schönberger ha argumentado que es más barato para las empresas simplemente seguir alojando los datos que darle valor, lo que lleva a la "condena del olvido". Aunque haya algo de verdad en estas ideas, Mayer Schönberger subestima el esfuerzo necesario para mantener la utilidad de un archivo. La Internet de hecho olvida; la cuestión es qué principios determinan qué cae en el olvido. Véase Mayer-Schönberger, *Delete. The Virtue of Forgetting in the Digital Age*, Princeton, Princeton University Press, 2009.

156. Aditya Rayaprolu, "How Much Data Is Created Every Day in 2023?", en *Techjury* (blog), 27 de febrero de 2023, https://bit.ly/45AgqHs.

157. Véase por ejemplo Scott Fulton III, "After Moore's Law: How Will We Know How Much Faster Computers Can Go?", en *Data Center Knowledge*, 20 de diciembre de 2020, https://bit.ly/45TauYO.

almacenamos y procesamos la información. Más allá de la fragilidad de la información digital, la falta de memoria no es una respuesta suficiente. Entonces, ¿cuál es?

La respuesta corta es la mano de obra. No importa cuán sofisticados, los avances técnicos por sí solos no alcanzan en términos de almacenamiento. Para mantener la utilidad de los datos, los sistemas necesitan actualizaciones regulares. Los formatos de archivo cambian, el hardware tiene que actualizarse y los datos deben administrarse y organizarse continuamente para seguir siendo útiles. Y esas tareas requieren intervención humana. Permítanme ilustrarlo con un ejemplo personal. Cuando falleció el abuelo de mi pareja, sus hijos encontraron un sobre en su caja fuerte con el texto "Para Mónica" (su esposa). Estaba claro que contenía información importante para la posteridad. El problema es que la información estaba almacenada en un disquete. En 2020, hacía años que nadie en la familia tenía software capaz de leer disquetes, y mucho menos un dispositivo donde insertarlos. Afortunadamente, todavía existían en el mercado dispositivos (bastante caros) que podían leerlos, y el contenido del disquete fue revelado. Pero en un futuro no muy lejano, estos dispositivos solo se encontrarán en los museos. Este episodio ilustra el tipo de problemas que está surgiendo a nivel macro. Si tu empresa tiene miles de millones de bytes de datos, asegurarte de que todo permanezca legible y organizado a lo largo del tiempo es una tarea monumental. Por ejemplo, cuando Twitter donó su archivo a la Biblioteca del Congreso en 2010, la idea era volverlo consultable y accesible al público. Después de más de diez años de esfuerzos, esto aún no ha sucedido, y hay indicios por parte de la Biblioteca de que, de hecho, ese día podría nunca llegar. En tanto que requiera trabajo humano, mantener accesible la formación digital siempre tiene un costo y, al menos en un futuro previsible, seguirá siendo caro. Así que, dada la velocidad a la que generamos datos —recordemos que una persona media produce alrededor de 1,5 megabytes al día—, no todo puede guardarse, ni siquiera con la mejor tecnología. Algunos datos (nuestros) tienen que ser destruidos.

Antes de continuar, debo aclarar que no es en absoluto deseable guardar todo. La razón, en parte, como hemos visto, es la privacidad de las personas cuyos datos se conservan (véase el capítulo 2). Pero también es una cuestión de justicia para las generaciones futuras. Ya en 2018, como informó *Nature*, los centros de datos consumieron más de doscientos teravatios-hora, aproximadamente el 1 % de la demanda mundial de energía y más que el consumo total de varios países, entre ellos Irán, con una población de ochenta y dos millones de habitantes.[158] Además, se prevé que el consumo de energía del sector de las tecnologías de la información y de la comunicación, donde los centros de datos son los mayores consumidores, se dispare en las próximas dos décadas y podría llegar a representar hasta el 21 % de la demanda mundial en 2030. Aunque se está haciendo mucho para reducir las emisiones causadas por el apetito aparentemente limitado de datos del mercado, no tiene sentido conservar la información para las generaciones futuras si el mismo esfuerzo contribuye en volver inhabitable el planeta, o partes de él. Conservar los datos consiste en evaluar costos y beneficios. Más allá de nuestros avances tecноló-

158. Nicola Jones, "How to Stop Data Centres from Gobbling Up the World's Electricity", en *Nature online*, 12 de septiembre de 2018, https://bit.ly/45MjC2Z.

gicos, se trata y se tratará siempre de seleccionar, pero la era digital agrega una nueva dimensión. Como vimos en el segundo capítulo, registrar la sociedad pasó rápidamente de ser un privilegio costoso de unos pocos a convertirse en la normalidad. En vez de preguntarnos: "¿Vale la pena grabar este acontecimiento o persona?", ahora nos preguntamos: "¿Importa lo suficiente este registro como para conservarlo?". En otras palabras, la conservación digital consiste en la destrucción selectiva. Para conservar cualquier cosa, otros datos simplemente tienen que desaparecer, y alguien tiene que decidir cuáles y de quién. Esto plantea dos cuestiones: ¿qué principios deben guiar el proceso de selección? ¿Y qué tiene que ver todo esto con la privatización de los restos digitales?

La primera pregunta es tan importante que tendré que dedicar un capítulo entero (capítulo 5) a responderla. Pero, brevemente, no debería predominar un único principio. Cuanto mayor sea la variedad de valores que consideren esas decisiones, mejor. Por otra parte, la respuesta a la segunda pregunta queda mejor ilustrada con otra analogía a nivel micro. Si tienes un smartphone, que es lo más probable, en algún momento se quedará sin espacio. Cuando esto ocurre, te enfrentas a dos opciones: o pagas por más almacenamiento en la nube o empiezas a borrar cosas. La mayoría de la gente lo resuelve borrando fotos antiguas del carrete de la cámara. Si eres una de esas personas, te habrás dado cuenta de que a medida que te desplazas hacia atrás en el tiempo a través de las fotos antiguas, en busca de recuerdos que borrar, las fotos empiezan a ser cada vez más bellas. Cada foto tuya de hace unos años parece impecable comparada con lo que ves en el espejo, y cuanto más retrocedes en el tiempo, mejor te ves.

Puede que esto no se deba solo a que estás envejeciendo y encaneciendo, sino también al principio que utilizas para seleccionar qué borrar: cuanto peor sales en una foto, más probable es que la borres cuando te falte espacio. Quizá tengas algún otro principio para determinar qué partes de tu pasado vale la pena conservar. Tal vez sean las que quieres guardar para que tus hijos vean algún día, o las fotos de seres queridos que ya no están. Sea lo que sea, estos principios de valor determinarán el acceso que tendrás en el futuro a tu pasado (y, así, a tu comprensión del mismo). No escriben tu historia por ti, pero, sin embargo, establecen los marcos posibles para lo que puedas decir. Bueno, entidades corporativas como Facebook aplican el mismo mecanismo cuando acumulan cientos de millones de perfiles de fallecidos. A ellas también se les acaba la memoria disponible (o, más bien, como hemos visto, la mano de obra disponible), por lo que a menos que dispongan de recursos ilimitados, también deben empezar a seleccionar lo que vale la pena conservar. La diferencia es simplemente que la medida del valor de las empresas no se basa en el aspecto de una persona, su valor para las generaciones futuras o cualquier otra forma de valor "blando", sino exclusivamente en el valor comercial de los datos. Para una empresa corporativa, la pregunta "¿Vale la pena salvar estos datos?" significa esencialmente "¿Pueden estos datos contribuir, directa o indirectamente, a las ganancias de la empresa?". Así, mientras los datos de las personas estén controlados por actores corporativos (como en el caso de las redes sociales), el principio que guiará la conservación de nuestro pasado digital colectivo será la *ganancia*.

Como vimos en el tercer capítulo, hay varias formas de monetizar los restos digitales. Por ejemplo, aunque los usuarios fallecidos no formen realmente parte del modelo de negocio de Facebook (o de cualquier otra plataforma de redes sociales convencional), los perfiles conmemorativos pueden seguir cumpliendo la función de atraer o mantener a los usuarios vivos que visitan regularmente el perfil para afrontar el luto (es decir, el "trabajo de duelo").[159] Cuanto más interactúan con los fallecidos, más se exponen a los anuncios y más aumentan la ganancia. Aunque posiblemente esto no genere por sí solo suficientes clics y exposición para cubrir los costos de conservación de los montones de restos digitales de la plataforma, sí podría contribuir a su longevidad comercial, en tanto que otorga a la plataforma una función cultural central como lugar de luto, asumiendo un papel reservado anteriormente a las iglesias y los cementerios. Esto consolida a Facebook como plataforma inevitable. Un modelo alternativo para solventar los costos de los perfiles de usuarios fallecidos es dejar que los descendientes de los usuarios paguen una cuota para mantener sus perfiles en línea, de forma similar a los cementerios modernos. O Facebook podría permitir a los usuarios vivos pagar una cuota para evitar que su perfil se elimine cuando mueran. Los conjuntos de datos de restos digitales también podrían utilizarse para entrenar nuevos algoritmos y extraer perspectivas históricas del mercado. Como hemos visto, hay pocos obstáculos legales para esta experimentación, ya que los usuarios fallecidos no están, al menos según la legislación actual, tan protegidos como los vivos. (Véase, por ejemplo, el Reglamento General de Protección de Datos de la UE de 2018, que carece de di-

159. Magdalena Kania-Lundholm, "Digital Mourning Labor", en *Death Matters. Cultural sociology of mortal life,* Nueva York, Springer, 2019, pp. 177-197.

rectrices claras para la protección de los restos digitales).[160]
Sin embargo, si la conservación de los restos digitales no
puede justificarse comercialmente, ya sea porque no hay
descendientes que quieran o puedan pagar por conservar
los datos de un usuario fallecido o porque la ventaja de
procesar los datos es limitada, una empresa racionalmente
interesada en su propia sustentabilidad deberá deshacerse
de los datos vendiéndolos o destruyéndolos. A menos que
la monetización del duelo en línea resulte ser un negocio
sorprendentemente lucrativo (cosa que dudo), esta última
alternativa será la más probable.

Esta valoración comercial del pasado es la razón
por la que la gestión empresarial de los restos digitales
es un problema tan acuciante. En lugar de realizar la visión de una historia futura justa y socialmente represen-
tativa que describimos en el segundo capítulo, un sistema
basado en el control corporativo limita nuestro pasado
colectivo a lo considerado rentable en un momento determinado, a expensas de otras formas de valor. Del mismo
modo que el archivo de fotos de la cámara de tu teléfono
puede presentar una visión engañosa, o al menos unidi-
mensional, de tu apariencia, nuestra comprensión futura
del pasado corre el riesgo de verse fuertemente sesgada.
Si, por ejemplo, Facebook opta por conservar únicamente
los restos digitales por los que alguien esté dispuesto a
pagar (ya sean otras empresas o usuarios individuales), es
probable que sus registros del pasado terminen reflejando

160. Mientras que el RGPD contempla solamente los derechos de "personas naturales", es decir, no de los muertos, algunos Estados miembros de la Unión Europea han elegido incluir los derechos a la privacidad de los muertos en sus aplicaciones de la regulación.

únicamente a los segmentos más ricos de la población.[161] Esto, a su vez, corre el riesgo de exacerbar las asimetrías de poder existentes, tanto sociales como geográficas. Por ejemplo, en 2020, el usuario norteamericano promedio de Facebook valía aproximadamente 53,56 dólares para la empresa, mientras que el usuario promedio de Asia o las islas del Pacífico valía 4,05 dólares, y el usuario promedio de África o Sudamérica tenía un valor de apenas 2,77 dólares.[162] Sin embargo, el costo de almacenar los datos de un usuario es aproximadamente el mismo, más allá de su valor para la empresa, lo que significa que, desde un punto de vista comercial, será preferible conservar los restos digitales de los usuarios de alto valor si Facebook se ve forzado a elegir (lo que eventualmente ocurrirá). En este sentido, la privatización de los restos digitales —que, en última instancia, constituyen la presencia digital de la generación pasada, nuestro pasado digital colectivo— impulsa lo que la historiadora y egiptóloga alemana Aleida Assman ha denominado "amnesia estructural", decir, el borrado sistemático de ciertos aspectos del pasado, en este caso de aquellos individuos cuyos datos no se consideran lo suficientemente rentables como para ser conservados.[163]

Una organización cuyo principal objetivo es "conectar a la gente" no convocará a personas cuya principal preocupación sea el futuro de la historia. Pensemos,

161. En términos globales, los usuarios de Facebook representan solamente a los segmentos poblacionales más ricos, pero eso no contradice el punto mayor que señalo aquí, que es la *eliminación* de las partes del pasado que no sean rentables.

162. Facebook, "FB Earnings Presentation Q4 2020".

163. Citado por Jan Assman en *Cultural Memory and Early Civilization*, p. 56.

por ejemplo, en la eliminación reiterada por parte de Facebook de publicaciones que contenían la fotografía de 1972 *The Terror of War* [El terror de la guerra], también conocida como *Napalm Girl* [La niña del napalm]. La foto muestra a un grupo de niños vietnamitas corriendo hacia la cámara, entre los cuales una niña llamada Kim Phuc se había arrancado la ropa tras un bombardeo estadounidense con napalm. Como señala el experto en moderación de contenidos Tarleton Gillespie, la foto tiene un valor excepcional como testimonio de las víctimas de la guerra.[164] Sin embargo, al mostrar a un menor desnudo, fue clasificada como "desnudez infantil" y, por tanto, prohibida por la plataforma. En respuesta, la foto se subió una y otra vez en señal de protesta. Facebook no tuvo en cuenta la importancia cultural e histórica de la foto o no consideró que fuera responsabilidad de la empresa evaluarla, lo que llevó a su eliminación reiterada. Aunque en esta ocasión Facebook revocó su decisión de prohibir la foto (tras un intenso debate público), el caso pone de manifiesto la inconsciencia de los sistemas de moderación de contenidos y de los moderadores de contenidos a la hora de estimar el valor histórico de los objetos publicados en sus sitios. A las redes sociales no les interesa ni evaluar ni conocer cualquier cosa que no genere más clics.

En el caso de *The Terror of War*, la foto original afortunadamente subsiste, pero, desde luego, ese no siempre es el caso de contenidos similares que nacieron digitales. Hoy en día, la documentación de los crímenes de guerra suele subirse directamente a la red. Por ejemplo, en los últimos años se han subido a YouTube millones de videos

---

164. Tarleton Gillespie, *Custodians of the Internet*, New Haven, Yale University Press, 2018, p. 1.

que documentan crímenes de guerra en Medio Oriente. Estos documentos constituyen una fuente inestimable de información y pruebas, no solo para los historiadores, sino también para los tribunales. De hecho, el Tribunal Penal Internacional de La Haya emitió recientemente una orden de arresto por crímenes de guerra basándose en parte en pruebas de videos publicados en las redes sociales (en este caso, por los propios autores). Sin embargo, dado que muchos de estos videos muestran una violencia brutal, con frecuencia fueron eliminados por los sistemas de moderación de contenidos, que carecen de la capacidad de distinguir entre material cultural e históricamente significativo y propaganda violenta. La organización Human Rights Watch calcula que ha desaparecido el 11 % de las pruebas de redes sociales que catalogó entre 2007 y 2020. Syrian Archive, una organización que recopila y analiza pruebas de la actual guerra en Siria, calcula que el 21 % de los casi 1,75 millones de videos de YouTube que catalogó han desaparecido, junto con aproximadamente el 12 % del millón de tuits registrados.[165] Gran parte del contenido ha sido destruido por las propias empresas de redes sociales en lo que *The Economist* denomina un "encubrimiento accidental". Este encubrimiento no se impone por incentivos económicos ni es intencional. Se impone porque las redes sociales no se ven a sí mismas como archivos de datos históricos y patrimonio cultural. Optimizan la utilidad de los usuarios individuales, pero no ven su propia utilidad para el colectivo de la humanidad distribuido temporalmente, es decir, el pacto entre las generaciones pasadas, presentes y

165. "Social-Media Platforms Are Destroying Evidence of War Crimes", en *Economist*, 24 de septiembre de 2020, https://bit.ly/3VpJFqk.

futuras, simplemente porque esos no son sus *consumidores*. Muchos de estos problemas podrían resolverse filtrando y ocultando contenidos potencialmente perturbadores, en lugar de eliminarlos por completo. Sin embargo, como subraya Gillespie, los incentivos (económicos, técnicos y de seguridad) para borrarlos directamente son abrumadores.[166] Borrar es simplemente más cómodo y, por estas razones, los moderadores de contenidos no suelen considerar su valor patrimonial.

Lo dicho no es de ningún modo una crítica a Facebook ni a ninguna plataforma. De hecho, creo que Facebook en particular ha navegado por el panorama ético de los restos digitales con grados de sensibilidad y sutileza impresionantes. Dos de los cerebros detrás de la función de contactos de legado de Facebook, Jed Brubaker y Vanessa Callison-Burch (ambos han dejado ya Facebook), incluso publicaron un artículo donde describen detalladamente el razonamiento moral que subyace a sus decisiones de diseño.[167] Más bien, como subrayaré hacia el final de este capítulo, el objeto de nuestra crítica no debería ser una empresa individual, sino el sistema donde operan, es decir, el mercado capitalista ilimitado. Este sistema, por su propia naturaleza, solo es capaz de apreciar el valor monetario, a expensas de cualquier otro tipo de valor que podamos atribuir a los datos, como su mérito histórico y científico, o de diversos principios éticos como la justicia y la inclusión. En una economía capitalista, estos principios solo se promueven en la medida en

166. Tarleton Gillespie, *Custodians of the Internet*, New Haven, Yale University Press, 2018, p. 1.

167. Jed R. Brubaker y Venessa Callison-Burch, "Legacy Contact", en *CHI'16*, 2016, pp. 2908-2919.

que coinciden con la rentabilidad. Por lo tanto, mientras las empresas estén dominadas por una lógica de mercado, tienen motivos para estimar el valor de sus archivos en consecuencia. Como individuo, soy libre de elegir los principios según los cuales conservo las fotos en mi iPhone, pero para las entidades corporativas que operan en un mercado capitalista, las opciones son ser rentables o desaparecer. Esa no es una elección, al menos no en cualquier sentido relevante de la palabra.

¿Y SI FACEBOOK QUIEBRA?

A lo largo de las dos últimas décadas hemos sido testigos del apogeo y el ocaso de varias redes sociales, entre ellas Friendster, Yik Yak y, más recientemente, Yahoo Groups. Otras, como Myspace, languidecen en un estado de decadencia.[168] Incluso las que siguen en pie tienen su cuota de proyectos fallidos, como el esfuerzo de Google por hacer despegar Google+ (durante ocho años, atrayendo un total de trescientos millones de usuarios en su mejor momento, pero fue cerrado finalmente en 2019).[169] Así que, aunque

---

168. Para leer más sobre lo que sucedió con los 115 millones de perfiles de Myspace desde el comienzo de su decadencia, véase John Herrman, "What Happens When Facebook Goes the Way of Myspace?", en *New York Times Magazine*, 12 de diciembre de 2018, https://bit.ly/4fVRPjG.

169. Es difícil estimar adecuadamente cuántos usuarios tuvo realmente Google+. Según la misma empresa, el número llegó a 540 millones. Pero como demuestra un artículo de *Ars Technica*, crear una cuenta de Google sin crear una en Google+ era prácticamente imposible. La única manera de *no* hacerlo era cerrar el navegador en medio del proceso de creación de una cuenta. En otras palabras, si creaste una cuenta de Google (para tener GMail, etc.) en algún momento en torno a 2011, probablemente estés entre los 540

los actuales gigantes de las redes sociales parezcan sólidos como montañas, sabemos por experiencia (¡y por pura lógica!) que su futuro dista mucho de estar asegurado. Y este es el segundo problema de la gestión corporativa de los restos digitales. ¿Qué pasaría con nuestros datos (y nuestros restos digitales) si una empresa como Facebook o Google quebrara o cerrara uno de sus servicios principales por falta de rentabilidad?

Esta cuestión fue objeto de un estudio que realicé con mi antiguo colega del departamento de Derecho de Oxford Nikita Aggarwal.[170] Resulta que los datos son tratados (mayormente) como cualquier otro activo en casos de insolvencia: se venden al mejor postor, sea quien sea. Naturalmente, hay excepciones y la legislación varía algo entre jurisdicciones. El RGPD de la UE, por ejemplo, estipula que los datos de una empresa insolvente solo pueden ser adquiridos por otra empresa que opere en el mismo sector productivo. Es decir, si Facebook quebrara, sus datos no podrían ser comprados por Tesla, pero sí, por ejemplo, por el gigante chino de las redes sociales WeChat o la red rusa VK (antes VKontakte). El RGPD también le brinda a los usuarios europeos el derecho a que sus datos sean borrados cuando lo soliciten. Pero estas restricciones solo se aplican a los usuarios vivos. Tal como muchos otros marcos regulatorios de datos, el RGPD excluye explícitamente a los titulares de datos que hayan fallecido, lo que significa que

millones de usuarios de Google+, y posiblemente ni siquiera lo sepas. Véase Jon Brodkin, "Google Doubles Plus Membership with Brute-Force Signup Process", en *Ars Technica*, 22 de enero de 2012, https://bit.ly/4lLFuzW.

170. Carl Öhman y Nikita Aggarwal, "What If Facebook Goes Down?", en *Internet Policy Review,* 9(1), 2020.

los perfiles de usuarios muertos podrían venderse al mejor postor sin ninguna supervisión gubernamental.

¿Quién querría pagar por los datos de un muerto? ¿Y por qué? Como hemos visto a lo largo del capítulo anterior, existen varias formas de monetizar los restos digitales, pero ninguna de ellas incluye la compra de restos digitales por parte de otras plataformas. De hecho, Facebook puede monetizar sus perfiles conmemorativos solo porque ya posee una infraestructura donde encajarlos. Cualquier tercero que comprara los datos en caso del cierre de Facebook carecería seguramente de esta ventaja. Entonces, ¿por qué querría alguien hacer una oferta? Al día de hoy, solo podemos especular, ya que ningún gigante tecnológico con un número relevante de usuarios fallecidos ha fracasado aún. Hay, de todos modos, una serie de usos posibles para estos archivos de datos.

El uso más probable es entrenar nuevos modelos para obtener información de mercado. Los datos sobre el comportamiento en línea y los patrones de consumo son siempre valiosos, sobre todo si son longitudinales. Como hemos visto, el objetivo de cualquier economía de datos es desarrollar modelos predictivos nuevos y mejores, es decir, algoritmos que pronostiquen mejor el comportamiento de las personas. Y esos modelos utilizan los datos como combustible: cuantos más, mejor. Por lo tanto, lo que una persona cliquee, compre y desee, y cómo eso se desarrolla con el tiempo, es interesante incluso si la persona ha muerto, ya que dice algo sobre cómo se desarrolla el comportamiento de consumo de la gente (o sus opiniones políticas) a lo largo del tiempo: ¿qué acontecimientos se correlacionan con cambios en su comportamiento? ¿Qué patrones surgen de los datos de toda una vida? Además, a diferencia de la investigación sobre el comportamiento de los consumidores vivos, la investigación sobre los muertos no está sujeta a restricciones legales. De hecho, realizar estudios de mercado sobre los muertos puede ser una ventaja. Se pueden hacer análisis mucho más detallados de cada individuo sin correr el riesgo de infringir ninguna ley de privacidad, ya que, cuando se trata de los muertos, no hay ninguna (o muy pocas). Ninguna institución pública te haría responsable por lo que hicieras con los restos digitales de alguien. Por esa razón, no es nada improbable que un tercero esté interesado en comprar los datos de los usuarios fallecidos a una empresa tecnológica insolvente.

Una segunda razón, relacionada con la anterior, para adquirir esos datos es obtener información sobre personas vivas concretas, por ejemplo, los descendientes de los fallecidos. Los anuncios dirigidos (el principal producto de la mayoría de las plataformas en línea) se basan en tener algunos datos sobre un cliente potencial para predecir en qué es más probable que gaste su dinero, que vote, etc., y cuál es la mejor manera de persuadirlo para que compre tu producto. Ésta es también la lógica que subyace a las compañías de seguros (que utilizan datos para predecir el riesgo de que un cliente potencial enferme o sufra un accidente) y a los bancos (que determinan la calificación crediticia de los clientes).[171] De más está decir que la falta de datos sobre un individuo o grupo específicos es un problema para los anunciantes. Si una empresa no tiene tus datos, sus modelos y algoritmos no pueden predecir eficazmente tu comportamiento, lo que disminuye su influencia. Sin embargo, tener

171. Por un panorama estremecedor de cómo funciona el rastreo de datos, léase Cathy O'Neil, *Weapons of Math Destruction*, Nueva York, Crown Books, 2016.

tus datos puede no ser necesario si, en cambio, puede triangular tu comportamiento a través del de tus familiares fallecidos. Los datos sociales que dejamos en la red funcionan como la genética: tal como el ADN contiene información sobre quiénes eran tus padres y quiénes son (o serán) tus hijos, tu huella digital también dice algo sobre tu entorno social. Por ejemplo, puede que yo no tenga acceso directo a tus datos, pero si sé que tus padres fueron profesores universitarios, que vivieron en Londres la mayor parte de sus vidas y que votaban al Partido Laborista, probablemente pueda hacer algunas conjeturas bastante precisas sobre quién eres y cuáles son tus simpatías. Y eso con pocos datos. Imagínate que también tuviera acceso a prácticamente todo lo que tus padres hayan cliqueado en sus vidas. O, mejor aún, ¿qué pasaría si sus datos se entremezclaran tanto con los tuyos que la línea donde terminan los suyos y los tuyos comienzan fuera difusa? Especialmente para la generación que entró en la paternidad después o durante el auge de las redes sociales, compartir fotos, videos y textos sobre sus hijos ("sharenting") es más la regla que una excepción. Cuando estos "sharents" fallezcan, sus restos digitales contendrán montones de información sobre los primeros años de las vidas de sus hijos. En algunos casos, esos restos serán *principalmente* sobre sus descendientes. Debido a esta genealogía de datos, es posible, o al menos no inverosímil, que en el futuro los grandes archivos de restos digitales se conviertan en mercancías atractivas, porque permiten rastrear datos representativos de alta calidad. La ausencia de legislación que proteja la privacidad de los difuntos, especialmente en los casos en los que una gran empresa rica en datos como Facebook, Google o LinkedIn quiebre, debería ser una preocupación central para cualquiera que tenga familiares fallecidos, lo cual, la última vez que me fijé, incluía a todo el mundo.

Por último, el uso potencial menos probable de los restos digitales, pero quizá el más inquietante, es la posibilidad de que los adversarios de una persona fallecida se hagan con sus datos privados para dañar su reputación. Esto podría incluir la difusión de información privada e incriminatoria sobre su uso de redes sociales, incluyendo los mensajes privados con otros usuarios (en los casos en que estos usuarios también hubieran fallecido). La historia cuenta con abundantes antecedentes para este caso. Pensemos, por ejemplo, en la publicación de los diarios del antropólogo polaco Bronisław Malinowski, una voz central de su disciplina. En marcado contraste con sus publicaciones académicas, los diarios revelaban lo que muchos han interpretado como una actitud grosera y prejuiciosa hacia los sujetos de su investigación. El etnólogo Raymond Firth describió la colección de diarios como un "documento revelador de su egocentrismo y obsesión". Clifford Geertz, otro gigante de la antropología, lo consideró "burdo" y "tedioso", y la revelación de Malinowski como un "narcisista desquiciado, egocéntrico e hipocondríaco, con una empatía extremadamente limitada por sus convivientes".[172] Muchos pensaban que los diarios nunca deberían haberse publicado, dada la naturaleza privada y sin reservas de su contenido. Sin embargo, hoy en día, la mayoría de nosotros deja atrás rastros de información que, en comparación, hacen que los diarios de Malinowski parezcan una vergüenza menor.

172. Tanto Firth como Geertz son citados en la contratapa de la edición de Stanford University Press de Bronisław Malinowski, *A Diary in the Strict Sense of the Term*, 1989.

Por ejemplo, como explica el científico de datos y autor Seth Stephens-Davidowitz, muchas personas utilizan la búsqueda de Google no solo para recopilar información, sino como una especie de confesionario.[173] Miles de estadounidenses escriben cada año la frase "Me arrepiento de haber tenido hijos". Si escribes "¿Es normal querer…", la función de autocompletado, que se basa en las búsquedas anteriores de otras personas, suele sugerir el verbo "matar". La siguiente sugerencia probablemente sea "a tu familia". Naturalmente, esto no significa que la mayoría vaya por ahí deseando matar a su familia, pero ilustra la naturaleza potencialmente sensible de los restos digitales. Estos ejemplos solo incluyen datos de búsqueda. Sin embargo, en la economía actual, prácticamente todas las empresas que tienen como principales clientes a personas físicas dependen de la recopilación de datos personales sobre el comportamiento y las preferencias de los usuarios: casinos, aerolíneas, hoteles, etc. Y cuando este tipo de empresas quiebra, sus datos, y especialmente los restos digitales que albergan, salen a la venta. Así, el comprador no solo obtiene información sobre qué tipo de habitaciones de hotel son las más populares, sino también una colección de secretos potencialmente oscuros sobre quién se ha alojado en esas habitaciones y con quién. No es mi intención especular sobre la utilidad de estos datos. Quizá parezca demasiado hipotético. Pero ten en cuenta que cada vez que te registras en cualquier alojamiento, dejas atrás un rastro de datos. Y cuando mueras, ese rastro de datos permanecerá ahí hasta que lo destruyan o se lo vendan a alguien interesado en utilizarlo, con el fin que sea.

173. Seth Stephens-Davidowitz, *Everybody Lies*, Londres, Dey Street Books, 2017.

Aunque el primer gigante tecnológico rico en datos todavía no haya caído, y aunque su patrimonio de restos digitales seguirá siendo modesto durante todavía al menos una década (salvo quizá en el caso de Facebook, que ya ha acumulado una cantidad considerable), las especulaciones anteriores son, en efecto, verdaderas posibilidades. También ilustran por qué el destino de los restos digitales de la generación anterior es una preocupación de los vivos. Como ocurre con la genealogía, no existe una línea divisoria entre los datos de una persona y su entorno social. Nuestros datos, tal como nuestros genes, están entrelazados con los de nuestros vecinos.[174] Tu privacidad informativa es también la privacidad de otras personas en tu entorno, y viceversa, aun si esas otras personas están muertas (como ilustra la sentencia del tribunal alemán citada al principio del segundo capítulo). Por tanto, si se venden los restos digitales de una gran plataforma, quién los compra y con qué fines es asunto de todos.

No solo los muertos y los vivos se verían afectados por la desaparición de una gran empresa rica en datos como Facebook. También es una preocupación para las generaciones futuras. Como hemos visto, nuestros descendientes dependerán de la información que les dejemos. Nuestros restos digitales colectivos serán la principal fuente de información sobre nuestros modos de vida, una enciclopedia a través de la cual las generaciones futuras podrán echar un vistazo a su pasado. Pero este patrimonio digital corre un grave peligro si cierra la empresa que

174. Para una concepción grandiosa de los vínculos entre la información digital y la genealogía véase el documental de Julia Creet, *Data Mining the Deceased. Ancestry and the Business of Family*, 2017, https://juliacreet.vhx.tv/.

lo aloja. En tal caso, no solo estarían en peligro el control o la valoración del patrimonio cultural digital, sino también su propia existencia, ya que al dividir el archivo se destruiría su importancia integral, por falta de interés, sea comercial o de otro tipo, por preservarlo. Estos riesgos son mayores en un escenario de insolvencia, donde es probable que los datos se supriman o se vendan a terceros, quedando divididos entre varios controladores diferentes. Aunque esta situación podría considerarse positiva para reducir la concentración del poder corporativo, también dividiría y, por tanto, diluiría el patrimonio global y el valor cosmopolita que la plataforma contiene. Peor aún sería un escenario donde valores como esos se destruyeran por falta o diferencias de intereses comerciales en la compra de los archivos de datos de una empresa, o por la incapacidad de establecer su precio por ausencia de normas de contabilidad convencionales. La reciente subasta de los activos administrados por Cambridge Analytica, donde la oferta más alta por los derechos de propiedad intelectual y comercial de la empresa (que se supone que incluyen los datos personales de los usuarios de Facebook) fue de tan solo un dólar, es un ejemplo aleccionador de estos desafíos.[175] Un escenario de insolvencia, sin embargo, no es la única posibilidad preocupante. Un escenario más proba-

---

175. Véase Cambridge Analytica, "Administrator's Progress Report", 12 de diciembre de 2018, https://bit.ly/4oTayR1. Sin embargo, los datos de los consumidores (por ejemplo, en la forma de esquemas de fidelización de clientes) han sido mucho mejor valorados en otros procesos de insolvencia corporativa (véase, por ejemplo, la reorganización del capítulo 11 del Caesar's Entertainment Group; JL "Caesar's Entertainment: What Happens in Vegas Ends Up in a $1 Billion Database", en *Harvard Business School Digital Initiative*, 22 de noviembre de 2015, https://bit.ly/4mBmHZF.

ble es que una empresa de redes sociales baje la persiana de uno solo de sus productos. Por ejemplo, si se cerraran el sitio web y la aplicación de la plataforma principal de Facebook, el archivo que constituye el producto dejaría de ser accesible como tal tanto para el público como para las generaciones futuras, aunque Meta, la empresa matriz de Facebook, probablemente conserve y siga utilizando los datos (por ejemplo, para proporcionar información sobre los usuarios de otros productos, como Instagram y Messenger).

En resumen, las empresas con interés de lucro son guardianes poco fiables del patrimonio digital. Éstas, o las subplataformas que alojan datos potencialmente relevantes desde el punto de vista histórico, solo existen mientras se mantengan rentables. Cuando dejan de serlo a largo plazo, cierran. Esas son las leyes del mercado. En la mayoría de los casos esto está muy bien, pero cuando ese cierre afecta al tejido mismo de la sociedad (en este caso, al acceso a nuestro pasado), ya no podemos permitirnos quedarnos de brazos cruzados. Y como no tenemos ninguna preparación significativa para un escenario semejante, será mejor que empecemos a trabajar ahora para evitarlo por completo.

LA ADVERTENCIA DE ORWELL

En *1984*, escrito hace más de setenta años, George Orwell observó acertadamente que quienes controlan nuestro acceso al pasado también controlan cómo percibimos el presente y el futuro. En la distopía de Orwell, el partido gobernante tiene el poder de cambiar y revisar constantemente la historia según sus intereses. Un día, el estado de

Eurasia está en guerra con Estasia. Al día siguiente, está en guerra con Oceanía, y de repente siempre ha sido así: la guerra con Estasia nunca sucedió. La noticia la publica el "Ministerio de la Verdad", que tiene el monopolio de archivar el pasado. Como dice el antagonista de la historia, O'Brian: "Pues nosotros, el Partido, controlamos todos los documentos y controlamos todas las memorias. De manera que controlamos el pasado, ¿no es así?".[176] La historia del siglo xx contiene varios ejemplos menos extremos pero igualmente escalofriantes de la misma lógica en funcionamiento. En la Unión Soviética, por ejemplo, los individuos políticamente indeseables "desaparecían" regularmente de los registros y las fotos oficiales hasta que cualquier prueba material de su existencia se esfumaba por completo. Un ejemplo más contemporáneo, quizá, es el borramiento de la masacre de la Plaza de Tiananmen en China, que ha tenido semejante éxito que varias agencias de noticias chinas han publicado imágenes de las protestas por accidente. Irónicamente, nadie en las agencias, incluidos los censores, sabía de qué trataban las imágenes, y así no vieron el problema de publicarlas.[177] Con estos antecedentes a la vista, debería alarmarnos que el control sobre nuestros restos digitales, la materia prima de nuestro pasado digital colectivo, esté cada vez más concentrado en un pequeño número de actores globales (muchos de los cuales son propiedad de Meta, por ejemplo, WhatsApp, Messenger e Instagram). Aunque varios investigadores han señalado que los restos digitales suelen estar distribuidos en múltiples platafor-

176. George Orwell, *Nineteen Eighty-Four,* Londres, Secker and Warburg, 1949 [trad. esp.: *1984*, Barcelona, Salvat, 1980, p. 280].

177. Louisa Lim, *The People's Republic of Amnesia*, Oxford, Oxford University Press, p. 96.

mas y medios, los datos sociales más personales e íntimos siguen siendo propiedad de unos pocos grandes conglomerados y sus filiales, principalmente Alphabet y Meta.[178] En el futuro, puede que no sea el partido malvado de la distopía de Orwell, sino una empresa privada la que "controle el pasado" monopolizando el acceso social a él. Si esto no es un "peligro grave", como dijo Rosenzweig, no sé qué podría serlo.

La diferencia entre el control estatal y el control corporativo del pasado de la sociedad no es trivial. A diferencia de los Estados, muchas empresas privadas permiten que los usuarios borren sus datos si lo solicitan, o incluso que guarden la mayor parte de ellos en sus propios discos duros, derechos a menudo exigidos por leyes como el RGPD. Entonces, si te preocupa la concentración de restos digitales, ¿no podrías simplemente optar por no participar, o cambiarte a otra plataforma? Sí. Podrías, en cierto sentido, borrar muchas de tus huellas de la historia (digital) o crear tu propio pequeño museo en tu dispositivo privado. Pero para la mayoría de la gente, esa no es una opción viable, en parte porque es poco práctica (la mayoría de la gente accede a las redes sociales a través de dispositivos móviles con poca capacidad de almacenamiento) y en parte por las desventajas sociales de no estar conectado.[179] Aunque puede haber resquicios para unos pocos

178. Stacey Pitsillides, Janis Jeffries y Martin Conreen, "Museum of the Self and Digital Death", en *Heritage and Social Media*, Londres, Routledge, 2012.

179. Según un informe del World Advertising Research Centre (WARC), en 2025 casi tres de cada cuatro usuarios acceden a Internet solamente a través de dispositivos móviles. Véase James McDonald, "Mobile Advertising has Reached a Tipping Point", WARC, 28 de enero de 2019, https://bit.ly/4lLFBeQ.

expertos en tecnología, la mayor parte del pasado digital de la gente permanecerá en manos privadas. Y, como aprendimos en el segundo capítulo, el valor histórico de los datos de las redes sociales se deriva de su *agregación*, no del uso de los datos individuales. En otras palabras, borrar sus datos de una red concreta tiene un impacto insignificante en el valor global histórico y comercial de la red. Del mismo modo, tener acceso a los datos de una sola persona es inútil para comprender nuestro pasado *colectivo*. Lo que importa son los patrones, las tendencias y las redes. Y éstas nacen cada vez más digitales y bajo control privado (corporativo).

Si un puñado de gigantes tecnológicos controlaran por sí solos el acceso a nuestro pasado digital colectivo, no es inconcebible que utilizaran este poder para promover el único valor relevante para los agentes racionales del mercado: el crecimiento de su poder político y económico. Por ejemplo, ¿qué probabilidad hay de que, dentro de cincuenta años, Facebook preste sus datos para una investigación abierta e independiente sobre su presunto papel en el genocidio de los Rohingya en Myanmar en 2017? ¿Qué probabilidades hay de que Elon Musk abra su plataforma a una investigación independiente sobre, por ejemplo, Tesla? Por otra parte, pensemos en algo parecido a las funciones "recuerdos"/"en este día" de Apple y Facebook, que vuelven a recordar a los usuarios un acontecimiento (en línea) o una persona de la que se hicieron amigos (digitalmente), sobre la que hicieron una publicación o a la que fotografiaron en una fecha concreta. En un escenario futuro distópico pero concebible, personas consideradas políticamente menos deseables podrían, por ejemplo, aparecer con menos frecuencia en los recuerdos de sus amigos. O partes de tu pasado personal que te recuerden luchas políticas y desobediencia civil podrían quedar ocultas. No porque Facebook y Apple sean malvados —no es mi intención decir que sean propensas a entrometerse en la comprensión del pasado de sus usuarios—, sino porque su interés es económico y simplemente porque pueden hacerlo. Incluso si Mark Zuckerberg y Elon Musk fueran paladines de los valores humanos (que no lo son), cualquier sistema que se base en la benevolencia de unos pocos actores se expone a un riesgo cierto. Ya nos lo advirtió Orwell hace setenta años. Sin embargo, actualmente tenemos poco, o nada, para contrarrestar el poder del capital sobre nuestro acceso al futuro del pasado digital. Asegurémonos de evitar la trampa antes de que sea demasiado tarde.

DESCENTRALIZAR EL CONTROL

A esta altura debería estar claro que delegar a la industria la conservación de nuestro pasado digital puede no ser la mejor idea. Los actores con interés de lucro, por su propia naturaleza, solo tienen incentivos para priorizar valores económicos; nada garantiza su longevidad, y ninguna institución o persona debería tener ese tipo de poder político. ¿Esto significa que las empresas son siempre malas? ¿Que la solución a nuestros problemas es cualquiera que no busque la rentabilidad? La respuesta es *no*. Los negocios no siempre son malos en lo que respecta a la ética y la política, aunque los expertos en ética digital tiendan a hacer que así parezca. De hecho, la crítica que esbozo a lo largo de los dos últimos capítulos no apunta para nada contra las empresas, ni siquiera contra los capitalistas en general. Es una crítica contra el *mercado capitalista*, el sistema donde operan estos actores. ¿Por qué es tan malo el mercado capitalista para gestionar los restos digitales? Ya he abordado este conflicto en este capítulo y en el anterior, así como en el primero, donde lo describí como una tiranía del presente, pero permítanme que me tome un momento para conectar los puntos.

Esencialmente, la razón es que el capitalismo es ciego a los valores que no son monetarios, y en el caso de la gestión de las redes digitales, necesitamos tener más, no menos, tipos de valores en cuenta. Los partidarios del capitalismo suelen compararlo con el darwinismo biológico. En la evolución biológica, solo sobreviven los individuos que mejor se adaptan a su entorno natural y se reproducen. En cuanto el paisaje y el ecosistema cambian, también cambian las especies que los habitan. Del mismo modo, en la economía capitalista solo pueden sobrevivir y crecer las empresas que mejor se adaptan a las necesidades de los consumidores. Así, la economía siempre se adaptará a los valores de las personas, tal como los organismos se adaptan a los cambios de su entorno. Si los consumidores valoran los alimentos ecológicos, entonces el mercado fomentará que los agricultores cambien sus pesticidas; si valoran más la privacidad de los datos, entonces el mercado proporcionará redes más seguras y mejores protocolos; y así sucesivamente. No importa por qué abran sus billeteras los consumidores, la industria se asegurará de producirlo. Esta metáfora darwinista quizá esté un poco gastada, pero tiene sus ventajas, ya que ilustra tanto los puntos fuertes como los débiles en los mercados capitalistas. En efecto, la evolución biológica lleva a una mejor adaptación de las especies a sus entornos, pero solo en la medida en que "mejor" significa mayor capacidad reproductiva. De hecho, como sistema, la evolución no reconoce otra divisa que la reproducción. La felicidad, el florecimiento, la belleza o las cualidades morales de un individuo, evolutivamente hablando, carecen de valor, a menos, por supuesto, que esas cualidades tengan un efecto directo o indirecto en su reproducción. Como la reproducción es la medida de cualquier valor, las alternativas son buenas solo en la medida en que conduzcan a una mayor reproducción. Desde el punto de vista evolutivo, mil individuos en la miseria siempre serán "mejores" que mil individuos florecientes.

El mismo mecanismo se aplica al mercado capitalista: Los valores que no pueden traducirse directamente en capital son completamente irrelevantes. La belleza, el florecimiento humano, la tradición y, a lo que regresaré en breve, el respeto a los muertos, solo son valiosos en la medida en que sean rentables. Esto no significa que toda persona que trabaje para una empresa con interés de lucro sea ciega a otros valores que no sean el dinero. Tampoco significa que no puedan existir otros valores en el capitalismo. De nuevo, no todos los organismos están consumidos constantemente por la reproducción. El mundo también está lleno de juego, belleza, compasión, curiosidad, etc. Los animales, especialmente los humanos, suelen perseguir fines distintos a la mera supervivencia y la procreación. Del mismo modo, bajo el capitalismo, las personas persiguen todo tipo de fines y valoran todo tipo de cosas. La cuestión es que, en lo que al capitalismo respecta, estas búsquedas solo valen la pena en cuanto generen una renta. Si no, son una carga para la economía, tal como el exceso de juego o de belleza puede ser una carga para la reproducción de una especie.

Algunas personas consideran que, en principio, todo puede convertirse en valor monetario sin pérdida, incluso cosas como el amor, las vidas humanas y el bienestar de las generaciones futuras. Los lectores que pertenezcan a este grupo seguramente no se dejen convencer por este libro. Otros piensan que nada puede convertirse sin pérdida, que cada forma de valor es única e intraducible. Una vida humana no puede medirse en monedas de cinco y diez centavos; el valor de la biodiversidad no puede medirse en vidas humanas. Estas personas suelen sostener que donde la economía capitalista se convierte en la forma dominante de producción, corrompe cualquier actividad humana. Nada puede ser verdaderamente auténtico, porque todos los valores que no sean económicos son apenas instrumentales. Si una azafata te sonríe, no es porque le caigas bien, sino porque genera más ganancia; si un supermercado te cobra más por las bolsas de plástico, no es porque cuide el medio ambiente, sino porque busca la preferencia de sus clientes. La mayoría de la gente se encuentra entre estas dos posturas. Sin embargo, casi todo el mundo estaría de acuerdo, me imagino, en que hay cosas a las que no se les puede poner precio. El conocimiento futuro de la humanidad y el recuerdo de su pasado son elementos semejantes. Si algún acontecimiento desastroso destruyera todos los documentos de nuestro pasado, incluidos los artefactos físicos que hemos heredado de generaciones anteriores, sería difícil fijar un precio monetario que cubriera el daño. De hecho, si nos preguntáramos por el valor de la perpetuación de nuestra memoria colectiva de la Primera Guerra Mundial, por ejemplo, creo que la mayoría de la gente preferiría no contar la respuesta solo con monedas de cinco y diez centavos.

Parte de la razón por la que no podemos poner un precio monetario a este tipo de cosas es que no son mercancías en el sentido tradicional de la palabra. Una mercancía es algo que se produce para un consumidor, que suele ser un individuo. Un suéter es un ejemplo típico. El tipo de suéter que tú decidas comprar es asunto tuyo y solo tuyo, ya que no afectará a nadie más. Aunque algunos suéteres lleven impresos mensajes que puedan interferir en el bienestar de tu entorno social, los suéteres son, en general, un asunto privado. Para productos así, la economía de mercado funciona mejor que cualquier otro sistema conocido. Las empresas que fabrican suéteres que ningún individuo quiere usar no deberían existir. Pero para algunas cosas es muy difícil señalar a un consumidor individual. ¿Quién es, por ejemplo, el "consumidor" de nuestros conocimientos sobre el espacio exterior? ¿La audiencia televisiva del documental espacial *Cosmos. Una odisea del espacio-tiempo*? Creo que no. ¿Y quiénes son los consumidores de cosas como, por ejemplo, la biodiversidad? ¿Y el amor? Sin pasos riesgosos de acrobacia intelectual, es difícil dar una respuesta relevante. Más difícil aún es cuando las personas afectadas —los posibles "consumidores"— ya no viven, o aún no viven. En el primer capítulo, hablé de Edmund Burke y de los críticos conservadores de la modernidad que sostienen que la economía capitalista, la principal manifestación económica de la modernidad, solo está al servicio de los *consumidores vivos*.[180] Como ni los muertos ni los no nacidos

---

180. Los filósofos conservadores (los de verdad, no los falsos que se llaman conservadores hoy) suelen ser amigos renuentes del mercado por esta misma razón. Para leer más sobre las interpretaciones de la concepción de Burke del contrato social como contrato entre los muertos, los vivos y los no nacidos, léase Roger Scruton, *The Meaning of Conservatism*, Indiana, St. Augustine's Press, 1980.

son consumidores en el mercado, respetar sus intereses no tiene ningún valor económico. Para la economía capitalista, nada, ni siquiera los muertos y los no nacidos, puede tener más que un valor instrumental. El mercado es, en este sentido, intrínsecamente hostil hacia lo no vivo. Así, los "peligros graves" de la privatización de los restos digitales, parafraseando a Rosenzweig, no están en las empresas en sí, sino en un sistema que se desarrolla explícitamente al servicio de los vivos a expensas tanto de los no nacidos como de los muertos.

Entonces, ¿cuál sería la alternativa? ¿Cómo podemos recuperar el control de nuestro pasado digital colectivo antes de que sea demasiado tarde? Dada mi crítica al mercado capitalista, quizá la opción más obvia sea que algún tipo de institución pública internacional, quizá un organismo de las Naciones Unidas, tome el control de nuestro patrimonio digital compartido; algún tipo de archivo mundial administrado democráticamente que se encargue de conservar el pasado digital de la humanidad. Esta solución puede sonar prometedora en teoría, pero como hemos aprendido de Orwell (y de los aterradores ejemplos de China y la Unión Soviética), lo más probable es que sea una idea terrible. Un poder semejante no debería estar concentrado en un único organismo, sea público o privado. Aunque una organización de este tipo estuviera supuestamente bajo control democrático, el grado de acceso, por no hablar del conocimiento técnico, que tendría la gente corriente sería cuestionable. La supervisión pública del patrimonio digital de las redes sociales también puede resultar problemática por otras razones. Pensemos en la donación ya mencionada de los archivos de Twitter a la Biblioteca del Congreso. Muchos lo consideran el patrón oro para la conservación de los archivos de las redes sociales. Abby Smith Rumsey, por ejemplo, una conservacionista respetada, lo califica de "ejemplo emblemático" de cooperación entre instituciones privadas y públicas que "será necesariamente la norma de la era digital".[181] A pesar de estos elogios, y aunque la donación de Twitter fue impresionante y bien recibida, hemos visto que no está exenta de problemas (especialmente en términos de privacidad) y que aún no ha podido cumplir sus promesas originales. Y lo que es aún más importante, no sirve como modelo escalable para otras plataformas de redes sociales. Para la mayoría de las plataformas, la donación de datos en bruto a archivos públicos es imposible y sería muy poco ético, teniendo en cuenta la privacidad de los datos. Los Estados no pueden simplemente expropiar conjuntos de datos que resulten de interés público. Tampoco sería garantía de una mejor gestión de nuestro patrimonio digital. En definitiva, un archivo digital público del mundo es un callejón sin salida.

Afortunadamente, la alternativa a un dominio total del mercado no es un dominio total por parte del Estado o de algún gobierno mundial. Lo que deberíamos perseguir es la máxima variedad de formas de valorizar nuestros datos y, como parte de esto, limitar el dominio de un único actor en el control de los registros. Nótese que esto no es lo mismo que devolver el máximo poder al individuo, de manera que los restos digitales de cada usuario individual pertenezcan a un único heredero; una solución así no descentralizaría el control sobre nuestro pasado digital colectivo, sino que lo dividiría de forma que *nadie* pueda

181. Abby Smith Rumsey, *When We Are No More*, Londres, Bloomsbury, 2016.

acceder más que a pequeños fragmentos del mismo. Sería dar a cada usuario un fragmento del vitral que alguna vez fue la historia, de modo que nadie pueda comprender nunca la imagen completa. Esto también sería un desastre, una verdadera edad digital oscura. Descentralizar el control de nuestro pasado digital y así maximizar las distintas formas de apreciarlo solo puede lograrse permitiendo que una pluralidad de organizaciones, con distintos antecedentes, estructuras y objetivos, pueda participar en la conservación del pasado. Los agentes estatales seguramente formarán parte de esta solución. De hecho, como vimos en el segundo capítulo, los archivos nacionales, las organizaciones no gubernamentales y los museos ya están preparados para desempeñar un papel importante en la conservación de datos de personajes públicos notables. Los valores monetarios y las empresas con interés de lucro también pueden formar parte de la ecuación. Pero reducir la economía de los datos únicamente al valor monetario es un gran error que no podemos permitirnos cometer.

La economía trata de la asignación de recursos, una forma sistemática de organizar el valor de las cosas. Lo que quiero decir es que los valores monetarios no deberían dominar ese mecanismo, porque eso sería *dominar* nuestra propia forma de estar con la generación pasada y de gestionar su presencia. Como he argumentado a lo largo de este capítulo, la solución nunca podría ser guardar todo. No es factible ni deseable. Nosotros, los vivos, tenemos que *elegir* qué datos conservar para la posteridad. El problema es que la economía capitalista no permite elecciones auténticas, ya que la búsqueda de cualquier valor que no sea la ganancia representa un peligro. En lugar de ello, debemos aspirar a que el mayor número posible de personas y de perspectivas participen del proceso. Tenemos que hacer que esto sea *nuestra* elección.

∞

Por desgracia, Roy Rosenzweig falleció en 2007 con solo 57 años, justo antes del gran avance de la Web 2.0. De seguir viviendo, seguramente habría tenido algunas ideas interesantes sobre cómo afrontar los retos que tenemos por delante. Sin embargo, el papel del experto no siempre consiste en aportar "soluciones" a cuestiones predefinidas. A veces es tan importante, o más, plantear al público y a la comunidad científica nuevas preguntas que necesitan una respuesta, para dar lugar a nuevos debates democráticos. Esa es mi manera de ver el aporte de Rosenzweig, y es lo que he intentado hacer en este capítulo. Aun así, mi ambición ha sido darle una dirección a nuestro recorrido. Nuestro destino, creo, no es un lugar de sobreabundancia, donde no tengamos que elegir qué datos preservar y cuáles destruir, sino un lugar donde esta elección nos pertenezca realmente *a nosotros* y no a los mecanismos ciegos del mercado. Lo que necesitamos es una infraestructura que permita que una pluralidad de actores y valores formen parte del proceso de selección de nuestros restos digitales. El momento de empezar a construir estos sistemas es ahora.

5. Vivir en la condición posmortal

*Lo que nos une es que, en contraste con la
imagen clásica de los proletarios que no tienen
"nada que perder salvo sus cadenas", nosotros
corremos el peligro de perderlo todo.*[182]

SLAVOJ ŽIŽEK

*La interacción ética y política entre los muertos
y los vivos seguirá siendo un desafío abierto, no
solo un caso de estar con o sin los muertos.*[183]

HANS RUIN

EN LOS ZAPATOS DE MAX BROD

EL NOVELISTA CHECO FRANZ Kafka no era muy
famoso al momento de morir todavía joven en
1934. Apenas se habían publicado un puñado de
sus obras, ninguna de las mayores. Pero su legado incluía
varias novelas y cuentos casi terminados, así como diarios
que comentaban esas obras. Estos restos literarios nunca
verían la luz, o esa era la intención de Kafka cuando le
pidió a su amigo Max Brod que los quemara en caso de
que muriera. Como todos sabemos, Brod no cumplió.[184]

182. Slavoj Žižek, "Cómo empezar por el principio", *New Left
Review*, 57, mayo/junio de 2009, https://bit.ly/45UHa4v.

183. Hans Ruin, *Being with the Dead*, Stanford, Stanford University
Press, 2019.

184. En nombre de la justicia póstuma, debería agregar un matiz a
esta historia mencionando que Brod siempre le aclaró a Kafka que se

En los años siguientes a la muerte de Franz, Brod publicó tres de las novelas, entre ellas *El proceso*, y los diarios también se publicarían más tarde. Si tomó o no la decisión correcta, desde el punto de vista ético, es debatible. Sin embargo, muchos le estamos agradecidos. Cabe imaginar que tomar la decisión no fue fácil. De hecho, la situación colocó a Brod entre diversos deberes morales contradictorios. Además de su deber hacia su amigo fallecido, tenía un compromiso igualmente fuerte con los lectores potenciales de su época, pero también, y quizá aún más importante, con los lectores futuros, a quienes, de haber obedecido el pedido de Kafka, les habría negado lo que él consideraba el tesoro literario del siglo. Tal vez sintiera el deber de redimir a su difunto amigo, cuyo talento literario superaba por mucho a su confianza, o un deber para con las propias obras (simplemente *merecían* ser leídas). En cualquier caso, la custodia de los restos literarios de su amigo convirtió a Brod en un juez involuntario entre los intereses de múltiples partes interesadas que lo compelían, tanto del futuro como del pasado, sin principio claro para dirimirlos.

El argumento de este capítulo final es que vivir en la condición posmortal es encontrarse constantemente en los zapatos de Max Brod. A diferencia de lo que ocurría en los años treinta, ahora no es necesario escribir ficción, ni siquiera llevar un diario, para dejar rastros de la propia vida. En la medida en que utilices cualquier tipo de dispositivo conectado y no ocultes activamente tus rastros, tu vida se convierte en datos, tengas la intención o no. Y cuando mueras, esos datos serán tus restos digitales,

---

negaba a quemar los manuscritos. Kafka igualmente lo eligió como guardián de su legado, así que claramente no era tan importante para él que los destruyera.

un autorretrato involuntario pintado con ceros y unos. Aunque los restos digitales de la mayoría probablemente no sean tan interesantes como el diario de un maestro de la novela como Kafka, cuentan una historia. Para la familia más cercana, pueden ser una parte valiosa del proceso de duelo, algo para transmitir a los descendientes, como recuerdo de un padre, hijo o amigo querido que falleció demasiado pronto. Además, al sumarlos a los de miles de millones de personas que han dejado sus huellas en Internet, se convierten en parte de un patrón —una enciclopedia digital de los muertos— que cuenta la historia más amplia de una sociedad entera, un recurso inestimable para la futura generación para aprender de su pasado colectivo. Al igual que Brod, el custodio de los restos digitales —ya sea un individuo o una sociedad entera— tiene una triple responsabilidad, dirigida tanto hacia atrás como hacia delante en el tiempo: hacia los muertos, cuyos deseos deben respetarse; hacia los no nacidos, cuyo acceso al pasado está en juego; y, discutiblemente, también hacia los vivos, que tendrán que sacrificar recursos para preservar los restos.

Dar sentido a estas responsabilidades es complicado. Como sostengo en las páginas siguientes, requiere una ética que se tome en serio las reivindicaciones de personas temporalmente distantes pero informacionalmente presentes. Como paso hacia esa ética, sostengo que deberíamos considerarnos *arqueopolitas,* ciudadanos de un archivo que compartimos con nuestro pasado y sus habitantes y que algún día entregaremos a nuestros descendientes. Pero antes de desarrollar las implicaciones de este nuevo papel, permítanme, de una vez por todas, y considerando los capítulos anteriores, resumir qué entiendo exactamente por *condición* y *posmortal.*

SIGNIFICADO DE "CONDICIÓN" Y "POSMORTAL"

La premisa de este libro es que si los muertos "hacen a la civilización", cualquier cambio significativo en su presencia, sea cultural o tecnológico, es también un cambio civilizatorio. Desde este punto de vista, el advenimiento de la tecnología digital se perfila como un presagio de cambios profundos. Es el mensajero de un nuevo modo de estar con el pasado y sus habitantes, una *condición posmortal* que sustituye a la "muerte oculta" de la modernidad.

Por posmortal me refiero simplemente a la supresión de los mecanismos por los cuales los muertos solían desaparecer de los mundos de la vida. Ya no podemos confiar en la descomposición natural, los cementerios o los hornos crematorios para quitar a los muertos de vista, y así, el ocultamiento de la muerte que definió al proyecto de la modernidad llega definitivamente a su fin. En otras palabras, el término no tiene nada que ver con la noción transhumanista de inmortalidad digital, o de carga mental, por la que "sigamos viviendo" en un cerebro digital sustituto. Los muertos siguen tan muertos como siempre y, al menos en un futuro previsible, nada podrá cambiarlo, ni siquiera las más impresionantes técnicas de aprendizaje automático. Sin embargo, no cabe duda de que hay algo nuevo en el más allá digital. Los muertos siguen *ahí* para nosotros de una forma que no era posible en la sociedad predigital. Siguen formando parte de nuestras redes sociales, continúan publicando y tuiteando y, en algunos casos, incluso subsisten como chatbots interactivos. Por eso he comparado la situación actual con la de los primeros pobladores del Paleolítico. Tal como ellos se enfrentaron a la inevitable presencia de los cuerpos de sus muertos, nosotros nos enfrentamos ahora a la de los restos digitales de los nuestros. Ellos compartían sus viviendas con los rostros de yeso de sus antepasados que los miraban desde las paredes de barro. Nosotros compartimos nuestras viviendas, los archivos de las redes sociales, con los rostros digitales de nuestros ancestros, que nos miran, sonríen e incluso nos hablan a través de las tecnologías cada vez más sofisticadas que utilizamos para animar sus restos.

Incluso aquellos que nunca dejaron una huella digital se ven subsumidos en este proceso. A medida que digitalizamos fotos y películas del siglo xix, ponemos en línea colecciones de museos médicos y arqueológicos y subimos diarios y árboles genealógicos a sitios web de investigación de parentesco, ampliamos cada vez más el alcance del pasado digital y su población. A medida que el aprendizaje profundo y otras implementaciones de la ia siguen evolucionando, estos rastros predigitales de los muertos también se vuelven cada vez más interactivos y realistas, a pesar de sus orígenes tecnológicamente humildes.

De vez en cuando aparecen hologramas de artistas fallecidos, como Michael Jackson y Tupac Shakur. Pero también hay un resurgimiento del pasado en la vida cotidiana. En 2023, la aplicación Historical Figures, mencionada en la introducción de este libro, permitía a los usuarios chatear con personajes históricos a partir de la información conservada sobre ellos. Y dos años antes, la empresa MyHeritage lanzó una aplicación llamada Deep Nostalgia, que convierte antiguos retratos estáticos en breves clips en movimiento donde la persona parece girar la cabeza, mirar a su alrededor y gesticular. Pronto, las redes sociales se inundaron de rostros decimonónicos que, de repente, habían salido del letargo del álbum de fotos para volverse accesibles a cualquier persona en cualquier lugar a través de la red. Una vez más, estaban *ahí*, entre los vivos. Habían entrado en la matriz fundamental, la *casa* donde se desarrolla la sociedad de la información. Y así es como debemos interpretar la parte *posmortal* de la condición posmortal. No se trata de un estado de inmortalidad digital, sino de un modo de ser donde el pasado y sus habitantes siguen presentes por defecto. La tecnología digital ha abolido los mecanismos que alejaban a los muertos de nuestra proximidad inmediata, mientras recluta a los antiguos muertos al reino de los vivos. En resumen, la condición posmortal es una nueva forma de cohabitar con los muertos.

Describo esta nueva cohabitación como una *condición* porque no está dado cómo elegimos vivir como sociedad con los muertos, si es que siquiera podemos hacerlo. Como lo demuestra la asombrosa diversidad de formas para lidiar con los muertos en diferentes culturas, no hay una ley tecnosocial que determine cómo permanecen presentes los muertos entre nosotros. De ahí que, a pesar de sus evidentes paralelismos con los primeros pobladores del Paleolítico, no debamos interpretar la aparición de la condición posmortal como un retroceso a alguna relación original, más natural, con los muertos. Citando una vez más a Hans Ruin: "La interacción ética y política entre los muertos y los vivos seguirá siendo siempre un desafío abierto, no solo un caso de estar con o sin los muertos".[185] El "desafío" de cómo nos relacionamos con los muertos, por utilizar las palabras de Ruin, no se manifiesta neutralmente. Depende de las tecnologías que funcionan como intermediarias. Pero, aunque las tecnologías digitales están cambiando de hecho las reglas por las que vivimos

185. Hans Ruin, *Being with the Dead*, Stanford, Stanford University Press, 2019.

con los muertos, no determinan el resultado. Si queremos seguir apartando a los muertos de la vista del público en la era digital para mantener el "régimen de vida" que definió la modernidad, es perfectamente posible, solo que va a costar mucho más trabajo.[186] Sí, el advenimiento de la condición posmortal es el precursor inevitable de un cambio civilizatorio. Pero, en última instancia, nos corresponde a nosotros, los vivos, determinar cómo será ese cambio. La pregunta es: ¿cómo debería ser?

DEBERES ARQUEOPOLITAS

En su libro *All the Ghosts in the Machine*, Elaine Kasket describe a Internet como un "nuevo Elíseo", un lugar de descanso final para los muertos.[187] La metáfora es adecuada, quizá aún más de lo que Kasket se permitiría admitir. Porque en la mitología romana (y, originariamente, helénica), los Campos Elíseos no son solo un lugar del pasado. Son un lugar *más allá* del tiempo. En la *Eneida*, de Virgilio, por ejemplo, cuando Eneas desciende al inframundo, no solo encuentra a su difunto padre Anquises, junto a los demás héroes caídos en la guerra de Troya, sino también a sus descendientes, hasta Rómulo y Remo, los fundadores gemelos de Roma. En los Campos Elíseos, el tiempo ha *colapsado*. Es un lugar sin cronología. Lo mismo puede decirse de la condición posmortal en la que nos encontramos. Nuestros mundos vitales en línea están cada vez más habitados por generaciones tanto presentes como pasadas, en

---

186. Thomas Laqueur, "The Deep Time of the Dead", en *Social Research*, 78(3), 2011, p. 493.

187. Elaine Kasket, *All the Ghosts in the Machine*, Londres, Robinson, 2019.

un estado donde el pasado permanece en todas partes y en todo momento, y en el que nuestro trato con los muertos tendrá consecuencias de largo alcance para los no nacidos. En la condición posmortal, los actores presentes, pasados y futuros tienen una presencia moral.

Como Eneas en Elíseo, nosotros, los vivos, somos los recién llegados. A medida que la sociedad de los vivos migra a las plataformas del ciberespacio, se adentra en un terreno que ha estado reservado durante siglos, o milenios, a los muertos: los archivos. Este es su territorio, y ahora debemos aprender a formar parte de él. Del mismo modo que la globalización nos obligó a convertirnos en *cosmo*politas, ciudadanos del mundo, la condición posmortal nos exige ahora que aprendamos a ser *arqueo*politas, ciudadanos de los archivos. ¿Qué deberes nos confiere este rol? Dada la analogía con la globalización, quizá podamos buscar la respuesta en lo que Kwame Anthony Appiah denomina la ética del cosmopolitismo. Para Appiah, el desafío ético de vivir en un mundo globalizado puede describirse así:

> La red mundial de información —radio, televisión, telefonía, Internet— significa no solo que podemos influenciar la vida de los demás, sino también que podemos aprender sobre la vida de los demás. Cada persona que conocemos y a la que podemos afectar es alguien con quien tenemos responsabilidades: decir esto es afirmar la idea misma de moralidad. El desafío, entonces, es tomar las mentes y los corazones formados a través de los largos milenios de vida en tropas locales y dotarlas de ideas

e instituciones que nos permitan convivir como la tribu global en la que nos hemos convertido.[188]

El problema, si he leído bien a Appiah, es que las comunicaciones modernas han incrementado radicalmente el número de personas ante quienes respondemos moralmente. A diferencia de una aldea premoderna, aislada del resto del mundo, ahora nos comunicamos y comerciamos con personas de todo el planeta en lo que Appiah llama una "aldea global". El espacio ha colapsado esencialmente por la comunicación, de modo tal que ahora vemos al otro sin importar cuán lejos esté. Pero ¿cuáles son las implicaciones morales? Para Appiah, a diferencia de otros defensores del humanismo universal, la respuesta no es abandonar por completo las lealtades locales y personales. En su lugar, propone una ética cosmopolita que ubica el *diálogo* en el centro. Ser un verdadero cosmopolita, sostiene Appiah, no consiste en poner sistemáticamente el interés de la "humanidad" por encima de todo lo demás, sino en darse cuenta de que "ninguna lealtad local puede justificar el olvido de que cada ser humano tiene responsabilidades hacia los demás".[189] Los extraños son siempre humanos. Tienen derecho a una consideración moral, más allá de su lejanía espacial, ya que, como señala Appiah, están presentes *informacionalmente*. Aun así, no es necesario que estas responsabilidades dominen todas nuestras acciones. Un imperativo semejante puede disfrazarse de interés para todos, pero en última instancia no beneficia a nadie. En resumen, la ética cosmopolita es la

188. Kwame Anthony Appiah, *Cosmopolitanism*, Nueva York, Londres, 2006. p. XIII.

189. *Ibid.*, p. XIV.

toma de conciencia de que las demás personas del mundo *también* son humanas.

Creo que puede decirse algo similar de lo que significa ser un buen arqueopolita, solo que nuestros deberes no son espaciales, sino temporales. El desafío ético no consiste en formar ideas e instituciones que nos permitan vivir juntos "como una tribu global", sino en convivir con quienes vivieron antes que nosotros de un modo que tome en serio los intereses de quienes vendrán después. Porque en la condición posmortal, no es el espacio sino el *tiempo* lo que ha colapsado.

Por un lado, esta idea nos convoca a nosotros, los vivos, a ser buenos descendientes, o herederos. Cada uno de nosotros tiene la responsabilidad de cuidar los restos digitales de nuestros seres queridos cuando mueren, y debemos hacerlo respetando sus deseos. Gestionar la presencia póstuma de alguien en las redes sociales, limpiar la red de rastros no deseados y conservar materiales en un formato más permanente en un disco duro pueden formar parte de esas obligaciones. Otra puede ser no leer los correos electrónicos, textos o datos de búsqueda privados del fallecido. Como vimos en el segundo capítulo, los restos digitales de tus seres queridos, tal como sus restos biológicos, no son de tu propiedad. Eres su guardián, no su dueño.

Como he subrayado repetidamente a lo largo de este libro, el imperativo de ser buenos herederos es también una responsabilidad colectiva, en el sentido de que debemos tomarnos en serio *como generación* los mandatos éticos y políticos de los muertos. Heredamos los mayores archivos del comportamiento humano jamás reunidos en la historia de nuestra especie. Asegurarnos de que estos archivos sean administrados respetuosamente requiere un cambio institucional, que es inevitablemente un esfuerzo colectivo. He señalado ejemplos —el movimiento #MeToo, la documentación de crímenes de guerra del Archivo Sirio en YouTube, la Primavera Árabe, por citar algunos (hay miles más)— que cuentan la historia de una generación que pronto será parte del pasado, pero cuya huella colectiva en Internet merece perdurar. Solo perdurarán si nosotros, los vivos, construimos las instituciones, las infraestructuras y los incentivos adecuados para los actores del sector. Para ser buenos herederos, los vivos debemos tomarnos en serio la presencia de las generaciones pasadas en "nuestros" servidores (jurídicamente, los servidores pertenecen a la industria) y reconocer sus dimensiones políticas. Solo *juntos* podremos estar a la altura de estas responsabilidades.

Por otra parte, ser un buen arqueopolita es también ser un buen antepasado.[190] Es darse cuenta de que los datos que produces hoy llegarán a manos de otra persona mañana. A nivel personal, esto significa asumir la responsabilidad de tu presencia en línea más allá de tu vida. Si aún no lo has hecho, al menos deberías hacer lo más básico. La función de contacto de legado de Facebook, bajo las configuraciones de privacidad, es una de las opciones más visibles a la hora de elegir preferencias en el sitio web. Si estás en Facebook, te sugiero que dejes de leer, tomes tu teléfono y lo configures. Bienvenido de vuelta. Lo más probable es que muchos más servicios pidan a sus usuarios que elijan qué ocurrirá con sus datos en caso de su muerte. De hecho, la planificación de la propia vida póstuma digital es cada vez más un imperativo moral, im-

190. Para leer más sobre cómo ser un buen antepasado, véase Roman Krznaric, *The Good Ancestor*, Londres, WH Allen, 2021.

puesto tanto por la industria como por los familiares más cercanos, que tendrán que "limpiar tu chiquero" a menos que tú mismo pongas las cosas en orden. Es una expectativa razonable.

Tal como ser un buen heredero, el imperativo de ser buenos antepasados es colectivo. Necesitamos pensar en nosotros mismos no solo como individuos aislados, cuyos datos pasarán a nuestros familiares más próximos, sino también como nodos en la red de la historia, como *ciudadanos* cuyos datos serán guardados por quienes vengan después de nosotros. Los rastros de datos que dejemos en la red serán piezas minúsculas, pero muy importantes, del material a partir del cual las generaciones futuras construirán sus relatos sobre el pasado. Lo único que dejamos como generación es un mensaje para la posteridad que dice: "Esto sucedió. Creemos que es importante que lo sepan". La decisión sobre qué debemos incluir en "esto" debe ser consciente, al menos a nivel estructural. Porque la naturaleza de nuestras responsabilidades también aquí es institucional, en el sentido de que debemos considerar qué tipo de instituciones deben custodiar nuestra historia colectiva. ¿Qué tipo de materiales necesitan las generaciones futuras? ¿Cómo podemos evitar una "era digital oscura"? ¿Y cuántos de nuestros recursos podemos sacrificar razonablemente para este propósito? Aunque a grandes rasgos se trate de cuestiones institucionales, son, sin embargo, de naturaleza ética. Como ilustra el impacto medioambiental de la conservación de los datos, que analizamos en el cuarto capítulo, no es necesariamente cierto que más siempre sea mejor. Las generaciones futuras no nos agradecerán que les dejemos un mar infinito y desestructurado de datos para organizar. Tampoco nos agradecerán que construyamos servidores masivos que afecten la sustentabilidad medioambiental (recordemos que el sector de las tecnologías de la información y la comunicación puede llegar a acaparar hasta una quinta parte de la demanda eléctrica mundial para 2030). Debido a la escasez de nuestros recursos, tanto en términos de capacidad de almacenamiento como ecológicos, tendremos que elegir qué y a quién preservar, y teniendo en cuenta lo que está en juego, esta elección es inevitablemente un asunto ético.

En resumen, la respuesta que propongo al desafío ético de la condición posmortal es análoga a la de Appiah. Debemos reconocer que los muertos y los no nacidos *también* tienen derechos legítimos con respecto a la política de administración y protección de datos. Aunque sus mandatos no tengan tanto peso como los de los vivos, son reales y dignos de consideración. Puede que los muertos y los no nacidos no sean susceptibles de sufrir un "estado de daño", pero no por ello dejan de ser personas, y como tales merecen nuestro respeto y consideración moral. Como únicos arqueopolitas con poder legislativo, debemos asegurarnos de que estas responsabilidades se reflejen en nuestras acciones.

¿QUÉ HACER?

La generación actual tiene muchos intereses en común con las anteriores y las futuras con respecto a la protección de datos y la regulación de la tecnología. Como he demostrado, el destino de los restos digitales está profundamente vinculado con los intereses de los humanos vivos. La prolongación del duelo impulsada por un mercado irrestricto de monumentos conmemorativos y avatares digitales es un ejemplo de ello (véase el tercer capítulo). La elaboración de perfiles de datos a través de terceros, por extracción de los datos de un familiar fallecido, es otro (véase el cuarto capítulo). Además, la concentración de registros de datos en manos de un puñado de actores corporativos puede presentar una amenaza para nosotros, los contemporáneos, no solo para las generaciones futuras. Así, hay varias cosas que podemos hacer para estar a la altura de nuestras responsabilidades arqueopolitas y que nos beneficiarían a todos. Sin entrar en detalles, permítanme señalar algunos ejemplos.

Una cosa que todo el mundo puede hacer es utilizar su poder de consumo para presionar a las plataformas en cuanto a cómo tratan los restos digitales. Dado que, como hemos visto, los mercados están al servicio exclusivamente de sus consumidores vivos, los vivos deben aliarse con los no nacidos y los muertos. En 2019, cuando Twitter decidió eliminar los perfiles inactivos que permanecían en la red, la decisión fue revertida solo gracias a las protestas masivas de los usuarios.[191] En su respuesta oficial, Twitter dijo:

> Hemos escuchado sus manifestaciones sobre el impacto que esto tendría en las cuentas de los fallecidos. Ha sido un error de nuestra parte. No eliminaremos ninguna cuenta inactiva hasta que creemos una nueva forma de conmemorar las cuentas.

No nos equivoquemos, Twitter nunca habría dado marcha atrás si hubiera considerado que el valor neto de hacerlo era negativo, en términos económicos. Solo

191. Billy Perigo, "Twitter Backs Down from Plan to Delete Inactive Accounts, Citing Dead Users", en *Time*, 28 de noviembre de 2019, https://time.com/5741218/twitter-inactive-accounts-dead-users/.

cedieron porque se dieron cuenta de que las cuentas de los fallecidos eran una parte valiosa de la experiencia de los usuarios. No obstante, su respuesta demuestra que manifestar preocupación por la gestión de los restos digitales sí importa, al menos en la medida en que le importa a quienes ostentan el poder de consumo. Del mismo modo, también se puede ejercer el propio poder democrático (siempre que se viva en democracia) para presionar a los políticos para que se tomen en serio nuestras responsabilidades arqueopolitas. ¿Tienen tus representantes un plan para almacenar a largo plazo los datos de nuestra generación? ¿Qué creen que debe guiar la conservación del pasado? ¿Están dispuestos a enfrentarse a las grandes empresas tecnológicas en estos asuntos, a pesar de que pocos o ninguno de sus votantes se verán afectados personalmente? El mero hecho de plantear esta cuestión ya es una victoria. Y aunque la democracia liberal en su formato actual forme parte del "régimen de vida" de la modernidad, sus miembros pueden convertirse en aliados de los muertos y los no nacidos.[192]

¿Qué pueden hacer las empresas? Aunque soy de los que creen que el término "ética empresarial" es un oxímoron, sostengo que hay algunas cosas que las empresas podrían hacer para mitigar los problemas que he tratado en este libro. Una de ellas, propuesta por la socióloga inglesa Debora Basset, entre otros, es implementar algún tipo de código de ética profesional voluntario en relación con los restos digitales al interior de las

192. Thomas Laqueur, "The Deep Time of the Dead", en *Social Research*, 78(3), 2011, p. 493.

industrias que manejan datos humanos.[193] Como sugerí en el tercer capítulo, el código de deontología del Consejo Internacional de Museos puede ser un modelo adecuado para un acuerdo de este tipo. Aunque este código podría ser impuesto por los organismos reguladores, podría establecerse igualmente a través de acuerdos internos del sector o incluso incorporarse a la política empresarial. Las empresas también podrían empezar a diseñar activamente sus plataformas teniendo en cuenta nuestros deberes arqueopolitas. Ya existe un amplio debate sobre el llamado diseño *tanatosensible*, es decir, el diseño que toma en serio la herencia de activos digitales.[194] Pero este debate se ha enfocado mayormente en facilitar la herencia de activos digitales. Si nos tomamos en serio nuestras responsabilidades arqueopolitas, también debemos empezar a diseñar pensando en los intereses de las generaciones futuras *como colectivo*. ¿Cómo pueden diseñarse las plataformas para la conservación de activos históricos importantes a largo plazo? ¿Cómo podemos facilitar futuras investigaciones históricas protegiendo al mismo tiempo la intimidad de los usuarios? Se trata de cuestiones de diseño y arquitectura de redes.

Otra cosa obvia que las empresas pueden hacer es compartir datos con el público, como en el caso de la donación de los archivos de Twitter a la Biblioteca del Congreso en 2010 (véanse el tercer y quinto capítulos),

---

193. Debra Basset, *The Creation and Inheritance of Digital Afterlives. You Only Live Twice*, Londres, Pallgrave McMillan, 2022.

194. Selina Ellis Gray, "Remains in the Network"; Michael Massimi, "Thanatosensitively Designed Technologies for Bereavement Support"; Katerina Markova, "Digital Dying in Personal Information Management".

que se hizo explícitamente porque los tuits en su conjunto fueron considerados "un recurso para que las generaciones futuras comprendan la vida en el siglo XXI".[195] Sin duda, hay muchas falencias en lo que respecta a la privacidad del usuario. Pero para la mayoría de las empresas, compartir información, aunque sea anónima, más allá de la que comparten con sus anunciantes sería un gran paso en la dirección correcta. Un potencial anunciante que abre hoy el gestor de estadísticas de audiencia de Facebook puede obtener información más detallada sobre su posible audiencia que la que los investigadores podrían siquiera desear. Pero ¿por qué estarían los usuarios de Facebook más dispuestos a compartir información sobre su comportamiento colectivo con empresas que con investigadores que intentan comprender nuestro pasado? Si las grandes plataformas tecnológicas se tomaran su responsabilidad social en serio, podrían empezar a compartir datos. Twitter estaba bien encaminado en ese sentido. En 2021 lanzó un producto específico para investigadores académicos (certificados) que les brindaba un acceso sin precedentes a datos históricos y que, en mi opinión, podría haber revolucionado la forma en que entendemos nuestro pasado digital.[196] Por desgracia, desde que Elon Musk compró la empresa en 2022, parece que el acceso para los académicos quedará muy limitado. Además, la mayoría de las empresas no tienen incentivos económicos para desarrollar productos similares. Y obligarlas a

195. Matt Raymond, "The Library and Twitter", Library of Congress Blogs, 28 de abril de 2010, https://bit.ly/3VpT6Gg.

196. Véase más sobre cómo Twitter solía ayudar a los investigadores en Adam Torres, "Enabling the future of academic research with the Twitter API", en Twitter Developer Platform, https://bit.ly/4poT9Xo.

compartir información sobre sus usuarios supondría una violación grave de la privacidad y la independencia de los titulares de datos privados.

Como propuse en una publicación de 2021, una solución de compromiso podría ser implementar algún tipo de catalogación como "patrimonio digital de la humanidad", inspirado por la UNESCO.[197] En lugar de donar datos a instituciones públicas como la Biblioteca del Congreso, las empresas podrían comprometerse a conservar el patrimonio digital de la humanidad que posean, independientemente de su valor comercial, tal como los Estados se comprometen a conservar los sitios patrimoniales designados por la UNESCO ubicados en sus territorios. A cambio, el titular de los datos podría recibir asesoramiento de la comunidad internacional sobre cómo apreciar y conservar adecuadamente los archivos de la empresa en beneficio de las generaciones futuras. La valoración, en particular, supondría una contribución significativa, porque la mayoría de las empresas están mal equipadas para estimar el valor histórico y cultural de sus datos. La comunidad internacional podría, por ejemplo, enviar historiadores y archivistas que supervisaran las decisiones de eliminación de datos (sin hacerse con su control o propiedad, cabe señalar). Estos expertos podrían orientar tanto la moderación de contenidos (véase el ejemplo de *The Terror of War* en el cuarto capítulo) como los casos donde las sucursales de una empresa, o determinados servicios (como Google+), fracasan y son desconectados o destruidos por falta de interés comercial. Un administrador de quiebras que se ocupe de un archivo catalogado

---

197. Carl Öhman, "The Case for a Digital World Heritage Label", en *Information and Culture*, 57(1), University of Texas Press, pp. 82-95.

como patrimonio digital de la humanidad podría, por ejemplo, estar obligado a no comprometer la autenticidad ni la integridad de los datos. Obsérvese que la categoría propuesta no requeriría que las empresas persigan a largo plazo valores distintos de su propia rentabilidad. Tal como un país puede beneficiarse de tener patrimonio de la humanidad en su territorio, las empresas comerciales pueden beneficiarse de que se reconozca el valor excepcional de sus archivos. Además, si se firmara un tratado de este tipo, las empresas tendrían que rendir cuentas no solo por una vaga noción de moralidad o responsabilidad, sino por un contrato internacionalmente reconocido.

Por último, quizá el ejemplo más importante de algo que a todos nos interesaría es incluir a los muertos en la legislación internacional sobre protección de datos, como la RGPD de la Unión Europea. Aunque algunos países ya protegen, en cierta medida, los restos digitales, esto se hace principalmente a favor del bienestar de los descendientes vivos del fallecido. Asumir una verdadera responsabilidad implicaría considerar el bienestar por derecho propio de los interesados fallecidos. Esto podría hacerse mediante un derecho personal pero temporalmente limitado o un derecho otorgado a los parientes más directos. Los derechos de los fallecidos también podrían configurarse ampliando la protección de los derechos de propiedad intelectual o podrían existir dentro de lo que la jurista Edina Harbinja denomina un "régimen basado en los derechos humanos", es decir, como tales, derechos universales e inviolables.[198] Alternativamente, estos dere-

198. Edina Harbinja, "Does the EU Data Protection Regime Protect Post-Mortem Privacy?", en *Scripted,* 10(1), abril de 2013, p. 20. Véase también Kristin Bergtora Sandvik, "Digital Dead Body Management

chos podrían configurarse designando a empresas como Facebook como "guardianes de la información", en virtud de lo cual tendrían el deber de actuar en el mejor interés de los usuarios con respecto a sus datos, incluso a título póstumo.[199] Si la dignidad es el principio cardinal de la regulación de la protección de datos, como sugiere el RGPD, entonces no hay razón para excluir a los no vivos. La protección de datos es un asunto de todos.

Las propuestas anteriores serían mejoras valiosas a nuestra situación actual. Sin embargo, el diagnóstico que he hecho en este libro es, en general, de naturaleza *sistémica*. Surge de una infraestructura técnica, económica y reglamentaria al servicio exclusivo de los vivos. Ninguna de las soluciones propuestas aborda esta falencia. Tratan algunos de los síntomas, pero no su causa. Además, no se puede negar que hay muchas diferencias entre los intereses de las distintas generaciones cuando se trata de la gestión de datos. Podría haber situaciones donde la privacidad de los muertos entre en conflicto con el interés por su historia de las generaciones futuras, o donde haya que sacrificar la memoria de individuos de una generación anterior para hacer lugar a registros más recientes. No podemos guardar los datos de todos en un formato perfectamente digno para la eternidad. Por no hablar del creciente impacto medioambiental del almacenamiento de datos, comentado en el capítulo anterior.

(DDBM): Time to Think it Through", en *Journal of Human Rights Practice*, 12(2), julio de 2020, pp. 428-443.

199. Véase Jack M. Balkin, "Information Fiduciaries and the First Amendment", en UC *Davis Law Review*, 49(4), Yale Law School, 3 de febrero de 2016, pp. 1183-1234.

Es por esto que nuestra situación se parece tanto a la de Max Brod. Brod heredó algo que le pidieron que destruyera, pero consideró que su valor para él y para las generaciones futuras anulaba ese mandato. A la inversa, algunas personas heredan cosas que les piden que conserven, aunque el costo de hacerlo termine siendo una carga para ellas (estoy seguro de que muchos de nosotros tenemos alguna reliquia vieja y fea que nos sentimos obligados a conservar, pero no lamentaríamos si se rompiera o desapareciera…). La cuestión es que, en la condición posmortal, nos enfrentamos constantemente a estos dilemas, como individuos y como sociedad, como ninguna generación anterior. Nos llegan mandatos contradictorios tanto del futuro como del pasado, y nuestro trabajo como primeros arqueopolitas vivos es, sobre todo, dirimir esas contradicciones.

Es una responsabilidad de la que no podemos escapar. Si Max Brod se hubiera limitado a dejar los manuscritos de Kafka en manos de otra persona, no se habría liberado de su responsabilidad. Del mismo modo, no hay tecnología ni sistema que pueda tomar la decisión por nosotros. Por eso es tan problemática la mercantilización de nuestros restos digitales. Reduce nuestras opciones a una mera cuestión de rentabilidad. Ante semejante diversidad de cuestiones complejas y difusas —¿qué datos deberían conservarse para la posteridad?, ¿dónde está el límite entre los intereses de los vivos y de los muertos?—, el mercado tiene una sola respuesta: lo que sea más rentable a largo plazo. Esta respuesta a veces coincide con lo que consideramos la opción correcta, y a veces no.

El problema es que ni siquiera nos permite contemplar colectivamente nuestras elecciones. Nuestro objetivo, entonces, debe ser retomar el control, *apropiarnos* de esa elección, por así decirlo. De alguna manera, debemos encontrar la forma de establecer democráticamente los valores que guiarán los sistemas económicos, tecnológicos y reglamentarios que median nuestra relación con los muertos. Solo entonces podremos estar a la altura de nuestros deberes arqueopolitas.

La naturaleza de este proyecto es incuestionablemente política, pero no encaja prolijamente en ninguna narrativa política existente. Dada mi crítica a la modernidad, la democracia liberal y el mercado capitalista, no puede identificarse como un proyecto liberal. Pero ¿quizá sí socialista? Frases como "recuperar el control" y los llamados a abolir el dominio del mercado, por no hablar de mis frecuentes referencias a Karl Marx, seguramente suenen como un programa socialista. Pero, por otra parte, he descartado categóricamente las soluciones que involucren el control de los restos digitales por parte de cualquier tipo de gobierno mundial, y ¿no es el socialismo parte del "régimen de vida" que descarté en el primer capítulo?[200] ¿Quizá nuestro deber como arqueopolitas sea entonces un proyecto conservador? Después de todo, mi llamado a incluir a las generaciones pasadas y futuras como interesados legítimos en nuestras comunidades democráticas es un eco casi explícito de la noción de Burke del contrato social como pacto intergeneracional. Quizá, pero dudo que muchos conservadores contemporáneos se unan a mí en mi crítica fundamental de la economía de mercado capitalista. Pocos de ellos se dejarían convencer por mi retórica de "recuperar el control" de la industria.

200. Thomas Laqueur, "The Deep Time of the Dead", en *Social Research*, 78(3), 2011, p. 493.

¿Cuál es entonces el camino a seguir? Cualquier receta concreta para establecer la gobernanza democrática de nuestro pasado digital, o qué apariencia podrían tener estos sistemas quedan más allá del alcance de este libro. Mi objetivo nunca fue proponer soluciones. Desde el comienzo, mi objetivo ha sido mostrar cómo la aparente trivialidad de que los muertos resurjan en Internet está, de hecho, profundamente enredada con algunas de las cuestiones más importantes de nuestra época. Si he demostrado que los desafíos que plantea la condición posmortal no pueden resolverse en las páginas de un solo libro, me considero exitoso. Lo que sí sé con certeza es que nuestro objetivo como arqueopolitas debe ser establecer un discurso ético en el cual la gestión de nuestros datos no sea exclusivamente como una preocupación de los vivos, sino una preocupación del proyecto temporalmente extenso y frágil que conocemos como *humanidad*. Interpretar este objetivo será uno de los mayores desafíos de este siglo, quizá del milenio entero. Invito a todos a unirse a esta misión. Somos recién llegados al archivo; no seamos sus colonizadores.

∞

Que los perfiles de las redes sociales perduran tras la muerte de una persona puede parecer una observación trivial. Y puede que lo sea. Pero si consideramos que esos perfiles van a poblar (relativamente) pronto la red de a miles de millones, las consecuencias van mucho más allá del impacto emocional sobre sus deudos. La generación actual, los primeros pobladores del ciberespacio, estamos ahora en los zapatos de Max Brod. Necesitamos elegir cómo navegar por los intereses (a veces) conflictivos.

Como he intentado demostrar en este libro, lo que está en juego es nuestra relación con nuestro propio pasado y sus habitantes: los muertos. Entonces, si es cierto que los muertos "hacen a la civilización", eso significa que lo que está en juego es nuestra propia relación con nosotros mismos. De hecho, como señala Žižek en el epígrafe de este capítulo, Marx se equivocó cuando proclamó que el proletariado no tiene nada que perder salvo sus cadenas. Al entregar la gestión de nuestro pasado digital a la industria, corremos el riesgo de perderlo *todo*.

Epílogo

La forma más segura de tomar posesión de un lugar y asegurarlo como propio es enterrar a tus muertos allí.[201]

ROBERT POGUE HARRISON

NUESTRA HISTORIA COMENZÓ EN la profundidad del tiempo, cuando se establecieron los primeros asentamientos permanentes, cuando los muertos se hicieron *presentes* en la proximidad inmediata de los vivos. Los fenómenos que he descrito, analizado y criticado a lo largo de este libro ilustran un cambio similar. Al hacerlo, temo que el libro haya pintado una visión bastante distópica de un futuro en el que el pasado está controlado y valorado por un sistema que escapa al control democrático. Aunque me tomo en serio esta visión, quiero terminar en una nota menos sombría. Los acontecimientos que he descrito no solo encierran peligros, sino también un potencial emancipador.

Como señala Harrison, los muertos tienen un poder excepcional para convertir lugares anónimos en un

201. Robert Pogue Harrison, *The Dominion of the Dead*, Chicago, Chicago University Press, 2003.

país, para convertir una casa en un hogar con un pasado, una historia y, lo que es más importante, un antepasado. De hecho, no es casualidad que en la *Eneida* de Virgilio, la primera prioridad de Eneas al llegar a la península itálica sea enterrar a sus muertos, convirtiendo así un pedazo de tierra extranjera en una *patria*. Como Eneas, nosotros también nos hemos convertido en colonos, solo que ahora enterramos a nuestros muertos en el ciberespacio, no en la tierra. Así como sus huesos encantaron las tierras sobre las que construimos nuestras naciones y civilizaciones, sus bytes están ahora enterrados en las profundidades de las plataformas en línea que se han convertido en nuestras nuevas moradas. Como tales, estas plataformas se convierten en nuevos hogares, nuevas patrias, por así decirlo, encantadas por una presencia que solo los muertos pueden proporcionar. El tráfico continuo hacia los perfiles de los fallecidos, el clamor público cada vez que una plataforma intenta cambiarlos o borrarlos, y el fuerte apego emocional que vemos entre los dolientes en las redes sociales son pruebas de un sentimiento de *pertenencia*.

Como he observado en este libro, el sentimiento de pertenencia puede acarrear un gran potencial comercial. Ofrece una oportunidad única para consolidar la inevitabilidad societaria de una plataforma, al apropiarse de algunas de las instituciones humanas más fundamentales y explotar algunas de nuestras emociones más fuertes: la pérdida y el parentesco. En la medida en que los usuarios valoren y cuiden la presencia digital de los muertos, también asegurarán la continuidad de las plataformas privadas donde permanecen.

Mientras tanto, el sentido de pertenencia está estrechamente relacionado con el sentido de *derecho*. "La forma más segura de tomar posesión de un lugar y asegurarlo como propio", como señala Harrison, "es enterrar a tus muertos allí".[202] En la antigua Roma, Cicerón desaconsejaba que la gente enterrara a sus muertos en tierras públicas, por temor a que se creara un sentimiento de sacralidad y, así, de titularidad del lugar. Más recientemente, las tumbas de los antiguos hebreos en Tierra Santa han sido utilizadas con frecuencia para legitimar las reivindicaciones territoriales de Israel. Con la creciente digitalización, ¿reclamarán las familias en duelo de forma similar las plataformas donde descansan los muertos? ¿Intentarán "tomar posesión" de esos lugares? ¿Empezarán incluso a exigir acceso y control? Es posible. Cuando los perfiles de los fallecidos en las redes sociales empiecen a acumularse por miles de millones, de modo que no solo los seres queridos individuales, sino países enteros y generaciones descansen allí, es plausible que la actitud pública hacia las plataformas cambie. Las demandas de influencia, e incluso de control, pueden adquirir una nueva legitimidad a medida que los muertos se conviertan en aliados en la defensa de la democratización.

Nuestra historia termina en esta bifurcación del camino, en esta potencia dual. El futuro de los muertos en línea depende exclusivamente de nosotros. De hecho, somos los nuevos natufianos, pero también decidimos qué significará eso.

202. *Ibid.*

Agradecimientos

NADIE HA SIDO MÁS importante para la redacción de este libro que el profesor Luciano Floridi, que supervisó mis estudios de doctorado en Oxford. Luciano sigue siendo un amigo muy querido, pero también ha ejercido una influencia incomparable en mi pensamiento y en mi comprensión general de lo que significa hacer filosofía. Siempre será mi mayor héroe intelectual. También debo mencionar a mi amigo y antiguo colega, el doctor David Watson. Nuestros debates, a veces acalorados (raramente sobrios) en los pubs de Oxford, han sido más educativos que cualquier clase de la que haya participado. David también se ha ofrecido constantemente a leer y dar su opinión sobre muchos de los artículos de investigación que forman la base empírica de este libro, lo que debe haberle costado incontables horas, por lo cual siempre le estaré agradecido. También quiero dar las gracias a las muchas personas que han leído y comentado este libro. Especialmente notables son Samuel Jonston, mi crítico más ingenioso y entusiasta; Johannes Rex, cuyo ojo para la anatomía de los textos nunca deja de sorprenderme; y el profesor Johan Tralau, quien, con sus conocimientos únicos y su gran generosidad, me salvó de muchos errores vergonzantes y equivocaciones en versiones previas del manuscrito. Le debo un agradecimiento a Maria Tengblad, que hizo un trabajo increíble con los gráficos del segundo capítulo. Agradezco también a las Fundaciones Wallenberg, que patrocinaron generosamente mis estudios de doctorado y, a través del programa WASP-HS, los cinco primeros años de mi carrera académica.

Su dedicación a la libertad académica y su entusiasmo por el estudio científico de la tecnología nunca serán olvidados. También agradezco a todo el Departamento de Gobierno de la Universidad de Uppsala. Nunca he conocido a un grupo de gente más amable y curiosa. Me enorgullece haber sido adoptado como uno más, a pesar de no haber cursado ni un solo crédito de ciencias políticas. Muchas gracias a mi familia, Johan, Ann, Marie y Lisa, por estar siempre ahí y creer en mí. Ha significado más de lo que probablemente pueda expresar jamás. Y, por último, a Lina y Edith, que nunca dejan de recordarme que la vida es mucho más que filosofía, y que me han enseñado el arte de celebrar incluso el más mínimo éxito. Las amo.

Este trabajo fue financiado por el programa Wallenberg AI, Autonomous Systems and Software Program-Humanities and Society (WASP-HS).

Bibliografía

» Al-Halbali, Ibn Rajab, *The Three That Follow to the Grave*, Birmingham, UK, Dar as-Sunnah, 2016.

» Allsop, Laura, "Trash or Treasure? Sifting through Ancient Rubbish for Archaeological Gold", CNN, 4 de octubre de 2011, https://edition.cnn.com/2011/10/04/world/europe/archaeology-ancient-trash/index.html.

» Appiah, Kwame Anthony, *Cosmopolitanism: Ethics in a World of Strangers*, Londres, Penguin, 2008.

» Arab Social Media Report. "Civil Movements: The Impact of Facebook and Twitter", https://bit.ly/41VUDaQ [Original site currently offline; archive available at https://bit.ly/4oUumDR].

» Ariès, Philippe, *Western Attitudes toward Death: From the Middle Ages to the Present*, trad. de Patricia M. Ranum, Baltimore, Johns Hopkins University Press, 1974 [trad. esp.: *Historia de la muerte en Occidente*, Barcelona, Acantilado, 2011].

» Assmann, Jan, *Cultural Memory and Early Civilization: Writing, Remembrance, and Political Imagination*, Cambridge, UK, Cambridge University Press, 2011.

» Balkin, Jack M., "Information Fiduciaries and the First Amendment", UC *Davis Law Review* 49, no. 4, 2016, pp. 1183-234.

» Barthes, Roland, *Camera Lucida: Reflections on Photography*, Nueva York, Hill and Wang, 1981 [trad. esp.: *La cámara lúcida*, Buenos Aires, Paidós, 2014].

» Bassett, Debra J., *The Creation and Inheritance of Digital Afterlives: You Only Live Twice*, Cham, Suiza, Palgrave Macmillan, 2022.

» Bassett, Debra J., "Ctrl + Alt + Delete : The Changing Landscape of the Uncanny Valley and the Fear of Second Loss", *Current Psychology* 40, 2021, pp. 813-821.

» Bauman, Zygmunt, *Mortality, Immortality, and Other Life Strategies*, Cambridge, UK, Polity Press, 1992.

» Bekoff, Marc, *The Emotional Lives of Animals: A Leading Scientist Explores Animal Joy, Sorrow, and Empathy—and Why They Matter*, Novato, CA, New World Library, 2007.

» Bell, Jo, Louis Bailey y David Kennedy, "'We Do It to Keep Him Alive': Bereaved Individuals' Experiences of Online Suicide Memorials and Continuing Bonds", *Mortality* 20, no. 4, 2015, pp. 375-389.

» Ben-David, Anat, "Counter-archiving Facebook", *European Journal of Communication* 35, no. 3, 2020, pp. 249-264.

» Bessi, Alessandro y Emilio Ferrara, "Social Bots Distort the 2016 U.S. Presidential Election Online Discussion", *First Monday* 21, no. 11, 2016, https://doi.org/10.5210/fm.v21i11.7090.

» Brubaker, Jed R. y Vanessa Callison-Burch, "Legacy Contact: Designing and Implementing Post-Mortem Stewardship at Facebook", en *CHI '16: Proceedings of the 2016 CHI Conference on Human Factors in Computing Systems*, ed. De Jofish Kaye y Allison Druin, pp. 2908-2919, Nueva York, Association of Computing Machinery, 2016.

» Brubaker, Jed R. y Janet Vertesi, "Death and the Social Network", presentado en *CHI 2010 Workshop HCI at the End of Life: Understanding Death, Dying, and the Digital*, Atlanta, marzo de 2010, https://dl.acm.org/doi/10.1145/1753846.1754178.

» Brügger, Niels y Ralph Schroeder (eds.), *The Web as History: Using Web Archives to Understand the Past and the Present*, Londres, UCL Press, 2017, https://bit.ly/3HINNie.

» Burke, Edmund, "Reflections on the Revolution in France" [1970], Lawrence, KS, Neeland Media, 2004.

» Burns, Stanley B., *Sleeping Beauty: Memorial Photography in America*, Altadena, CA, Twelvetrees Press, 1990.

» Carroll, Evan y John Romano, *Your Digital Afterlife: When Facebook, Flickr and Twitter Are Your Estate, What's Your Legacy?*, Berkeley, CA, New Riders, 2011.

» Cicerón, Marco Tulio, *Orator*, en *Brutus. Orator*, trad. de H. M. Hubbell, Cambridge, MA, Harvard University Press, 1939 [trad. esp.: *El orador*, Madrid, Alianza, 1991].

» Cicerón, Marco Tulio, *Tusculan Disputations*, trad. de C. D. Yonge, Nueva York, Harper & Brothers, 1877, recuperado del Proyecto Gutenberg, 2005, https://bit.ly/4mAXNck [trad. esp.: *Disputaciones tusculanas*, Barcelona, Gredos, 1990, inc. 1.43].

» Di Cosmo, Roberto y Stefano Zacchiroli, "Software Heritage: Why and How to Preserve Software Source Code", presentado al *iPRES 2017, 14th International Conference on Digital Preservation*, Kioto, septiembre de 2017, https://bit.ly/4fWKY9W.

» Diógenes Laercio, *Lives of Eminent Philosophers*, vol. 2, trad. de Robert Drew Hicks, Cambridge, MA, Harvard University Press, 1925 [trad. esp.: *Vida de los filósofos ilustres,* Madrid, Alianza, 2007].

» Ellis Gray, Selena, "Remains in the Network: Reconsidering Thanatosensitive Design in Loss", PhD diss., Lancaster University, 2015, https://doi.org/10.13140/RG.2.1.4817.2249.

» Facebook, "FB Earnings Presentation Q4 2020", 2020, https://bit.ly/4oTm52L.

» Farman, Abou, *On Not Dying,* Minneapolis, University of Minnesota Press, 2020.

» Feinberg, Joel, "The Rights of Animals and Unborn Generations", en *Philosophy and Environmental Crisis*, ed. de William T. Blackstone, pp. 43-68, Athens, University of Georgia Press, 1974.

» Feldman, Fred, "The Termination Thesis", *Midwest Studies in Philosophy* 24, no. 1, 2000, pp. 98-115.

» Floridi, Luciano, *The Fourth Revolution: How the Infosphere Is Reshaping Human Reality*, Oxford, Oxford University Press, 2014.

» Floridi, Luciano, "The Informational Nature of Personal Identity", *Minds and Machines* 21, no. 4, 2011, pp. 549-66.

» Floridi, Luciano. "Infraethics — On the Conditions of Possibility of Morality", *Philosophy and Technology* 30, no. 4, 2017, pp. 391-94.

» Floridi, Luciano (ed.), *The Onlife Manifesto: Being Human in a Hyperconnected Era.* Cham, Suiza, Springer, 2015, https://bit.ly/3Jy6qGa

» Friedman, Batya y Peter H. Kahn Jr., "Human Values, Ethics, and Design", en *The Human-Computer Interaction Handbook: Fundamentals, Evolving Technologies and Emerging Applications*, ed. de Julie A. Jacko y Andrew Sears, pp. 1177-1201, Mahwah, NJ, Erlbaum, 2002.

» Fuchs, Christian y Sebastian Sevignani, "What Is Digital Labour? What Is Digital Work? What's Their Difference? And Why Do These Questions Matter for Understanding Social Media?", *TripleC* 11, no. 2, 2013, pp. 237-293.

» Gadamer, Hans-Georg, *Reason in the Age of Science*, Cambridge, MA, MIT Press, 1983.

» Gillespie, Tarleton, *Custodians of the Internet: Platforms, Content Moderation, and the Hidden Decisions That Shape Social Media*, New Haven, CT, Yale University Press, 2018.

» Graham, Connor, Martin Gibbs y Lanfranco Aceti. "Introduction to the Special Issue on the Death, Afterlife, and Immortality of Bodies and Data", *Information Society* 29, no. 3, 2013, pp. 133-141.

» Graham, Shawn, Ian Milligan y Scott Weingart, *Exploring Big Historical Data: The Historian's Macroscope*, Londres, Imperial College Press, 2016.

» Gustavsson, Anders, "Death and Bereavement on the Internet in Sweden and Norway", *Folklore (Estonia)* 53, 2013, pp. 99-116, https://doi.org/10.7592/FEJF2013.53.gustavsson.

» Hägglund, Martin, *Radical Atheism: Derrida and the Time of Life*, Palo Alto, CA, Stanford University Press, 2008.

» Hallam, Elizabeth y Jenny Hockey, *Death, Memory, and Material Culture*, Oxford, Berg.

» Harbinja, Edina, "Does the EU Data Protection Regime Protect Post-Mortem Privacy and What Could Be the Potential Alternatives?", *SCRIPTed* 10, no. 1, 2013, pp. 19-38.

» Harrison, Robert Pogue, *The Dominion of the Dead*, Chicago, University of Chicago Press, 2010.

» Heidegger, M., "Letter on Humanism" [1946], en *Pathmarks*, ed. de William McNeill, pp. 239-276, Cambridge, Cambridge University Press. 1998 [trad. esp.: *Carta sobre el humanismo*, Madrid, Alianza, 2000].

» ICOM, "ICOM Code of Ethics for Museums", París, ICOM, 2017, https://bit.ly/4fZgV1t.

» Jefferson, Thomas, *Political Writings*, ed. de Joyce Appleby y Terence Ball, Cambridge, UK, Cambridge University Press, 1999.

» Jeffrey, Stuart, "A New Digital Dark Age? Collaborative Web Tools, Social Media and Long-Term Preservation", *World Archaeology* 44, no. 4, 2012, pp. 553-570.

» Kania-Lundholm, Magdalena, "Digital Mourning Labor: Corporate Use of Dead Celebrities on Social Media", en *Death Matters: Cultural Sociology of Mortal Life*, ed. de Tora Holmberg, Annika Jonsson, and Fredrik Palm, pp. 177-197, Cham, Suiza, Springer, 2019.

» Kant, Immanuel, *Groundwork of the Metaphysics of Morals,* Cambridge, Cambridge University Press, 1998 [trad. esp.: *Fundamentación de la metafísica de las costumbres,* Madrid, Alianza, 2012].

» Kasket, Elaine, *All the Ghosts in the Machine: How the Digital Age Is Transforming Death in the 21st Century,* Boston, Little, Brown, 2019.

» Kiš, Danilos, *The Encyclopedia of the Dead,* Londres, Penguin, 2015 [trad. esp.: *Enciclopedia de los muertos,* Barcelona, Acantilado, 2008].

» Krznaric, Roman, *The Good Ancestor: How to Think Long Term in a Short Term World,* Londres, W. H. Allen, 2021.

» Kübler-Ross, Elisabeth, *On Death and Dying,* Londres, Routledge, 2009.

» Kuny, Terry, "A Digital Dark Ages? Challenges in the Preservation of Electronic Information", *International Preservation News* 17, mayo de 1998, pp. 8-13.

» Laqueur, Thomas W., "The Deep Time of the Dead", *Social Research* 78, no. 3, 2011, pp. 799-820.

» Laqueur, Thomas W., *The Work of the Dead: A Cultural History of Mortal Remains,* Princeton, NJ, Princeton University Press, 2016.

» Lewis, Kevin, Jason Kaufman, Marco Gonzalez, Andreas Wimmer y Nicholas Christakis, "Tastes, Ties, and Time: A New Social Network Dataset Using Facebook.com", *Social Networks* 30, no. 4, 2008, pp. 330-342.

» Lim, Louisa, *The People's Republic of Amnesia: Tiananmen Revisited,* Cary, NC, Oxford University Press, 2014.

» Lingel, Jessa, "The Digital Remains: Social Media and Practices of Online Grief", *Information Society* 29, no. 3, mayo de 2013, pp. 190-195.

» Lyotard, Jean-François, *The Postmodern Condition: A Report on Knowledge,* Minneapolis, University of Minnesota Press, 2010 [trad. esp.: *La condición postmoderna,* Madrid, Cátedra, 2020].

» Malinowski, Bronislaw, *A Diary in the Strict Sense of the Term,* Stanford, CA, Stanford University Press, 1989.

» Markova, Katerina, "Digital Dying in Personal Information Management: Towards Thanatosensitive Information Management", Masters thesis, University of Porto, 2011, https://bit.ly/4lMtqOS.

»   Marx, Karl, *Capital: A Critique of Political Economy*, vol. 1, Marxists Internet Archive, 1999, https://bit.ly/424wEpZ [trad. esp.: *El capital*, t. 1, vol.1, Buenos Aires, Siglo xxi].

»   Marx, Karl, *The Eighteenth Brumaire of Louis Bonaparte* [1937], Marxists Internet Archive, 1999, https://bit.ly/3JxF5DX [trad. esp.: *El 18 Brumario de Luis Bonaparte*, Madrid, Fundación Federico Engels, 2003]

»   Marx, Karl, *Manifesto of the Communist Party*, Marxists Internet Archive, 2000, https://bit.ly/4mA7jMS [trad. esp.: *Manifiesto del Partido Comunista*, Buenos Aires, Siglo xxi, 2017].

»   Massimi, Michael, "Thanatosensitively Designed Technologies for Bereavement Support", PhD diss., University of Toronto, 2012, https://bit.ly/45UeoAM.

»   Mayer-Schönberger, Viktor, *Delete: The Virtue of Forgetting in the Digital Age*. Princeton, nj, Princeton University Press, 2009.

»   McCallig, Damien, "Facebook after Death: An Evolving Policy in a Social Network", *International Journal of Law and Information Technology* 22, no. 2, 2014, pp. 107-140.

»   McLuhan, Marshall, *The Medium Is the Massage*, Londres, Penguin, 2008.

»   Miller, Jessica K., Batya Friedman, Gavin Jancke y Brian Gill, "Value Tensions in Design: The Value Sensitive Design, Development, and Appropriation of a Corporation's Groupware System", en *Proceedings of the 2007 International ACM Conference on Supporting Group Work (GROUP '07)*, ed. de Tom Gross y Kori Inkpen, pp. 281-290, Nueva York, Association for Computing Machinery, 2007.

»   Mitchell, Lisa M., Peter H. Stephenson, Susan Cadell y Mary Ellen Macdonald, "Death and Grief On-Line: Virtual Memorialization and Changing Concepts of Childhood Death and Parental Bereavement on the Internet", *Health Sociology Review* 21, no. 4, 2012, pp. 413-431.

»   Montaigne, Michel de, *Essays*, ed de William Carew Hazlitt, trad. de Charles Cotton, Londres, Reeves and Turner, 1877, <https://hyperessays.net/essays/on-books/> [trad. esp.: *Los ensayos*, trad. de J. Bayod Brau, vvee].

»   Mumford, Lewis, *The City in History: Its Origins, Its Transformation, and Its Prospects*, Londres, Penguin, 1991.

» Mustafa, Mairna H. y Sultan N. Abu Tayeh, "Comments on Bedouin Funeral Rites in the Writings of Western Travelers and Explorers from the Late 19th and Early 20th Centuries", *Mediterranean Archaeology and Archaeometry* 14, no. 1, 2014, pp. 51-63.

» Nagel, Thomas, "Death", *Noûs* 4, no. 1, 1970, pp. 73-80.

» Nissenbaum, Helen, "How Computer Systems Embody Values", *Computer* 34, no. 3, 2001, pp. 119-120.

» Office for National Statistics (UK). "Exploring the UK's Digital Divide", 2019, https://bit.ly/4n0vns7.

» Öhman, Carl, "The Case for a Digital World Heritage Label", *Information & Culture* 57, no. 1, 2022, pp. 82-95.

» Öhman, Carl y Nikita Aggarwal, "What If Facebook Goes Down? Ethical and Legal Considerations for the Demise of Big Tech", *Internet Policy Review* 9, no. 3, 2020, pp. 1-21.

» Öhman, Carl y Luciano Floridi, "The Political Economy of Death in the Age of Information: A Critical Approach to the Digital Afterlife Industry", *Minds and Machines*, 27, no. 4, 2017, pp. 639-662.

» Öhman, Carl, Robert Gorwa y Luciano Floridi, "Prayer-Bots and Reli- gious Worship on Twitter: A Call for a Wider Research Agenda", *Minds and Machines* 29, no. 2, 2019, pp. 331-338.

» Öhman, Carl y David Watson, "Are the Dead Taking Over Facebook? A Big Data Approach to the Future of Death Online", *Big Data and Society* 6, no. 1, 2019, pp. 1-13.

» Öhman, Carl y David Watson, "Are the Dead Taking Over Instagram? A Follow-up to Öhman & Watson (2019)", en *The 2020 Yearbook of the Digital Ethics Lab*, ed. de Josh Cowls y Jessica Morley, pp. 5-21, Cham, Suiza, Springer, 2021.

» O'Neil, Cathy, *Weapons of Math Destruction: How Big Data Increases Inequality and Threatens Democracy*, Nueva York, Broadway Books, 2017.

» Orwell, George, *Nineteen Eighty-Four*, Londres, Secker and Warburg, 1949 [trad. esp.: *1984*, Barcelona, Salvat, 1980].

» Parker Pearson, Michael, *The Archaeology of Death and Burial*, Stroud, UK, Sutton, 1999.

» Parker Pearson, Michael y Ramilisonina, "Stonehenge for the Ancestors: The Stones Pass on the Message", *Antiquity* 72, no. 276, 1998, pp. 308-326.

» Pitsillides, Stacey, Janis Jefferies y Martin Conreen, "Museum of the Self and Digital Death: An Emerging Curatorial Dilemma for Digital Heritage", en *Heritage and Social Media: Understanding Heritage in a Participatory Culture*, ed. de Elisa Giaccardi, pp. 56-68, Londres, Routledge, 2012.

» Pitsillides, Stacey, Mike Waller y Duncan Fairfax, "Digital Death: What Role Does Digital Information Play in the Way We Are (Re)Membered?", en *Digital Identity and Social Media*, ed. de Steven Warburton y Stylianos Hatzipanagos, pp. 75-90, Hershey, PA, IGI, 2012.

» Rathje, William L y Cullen. Murphy, *Rubbish!: The Archaeology of Garbage*, Tucson, University of Arizona Press, 2003.

» Raymond, Matt, "The Library and Twitter: An FAQ", *Timeless: Stories from the Library of Congress* (blog), 28 de abril de 2010, https://bit.ly/3UOgg9m.

» Roland, Lena y David Bawden, "The Future of History: Investigating the Preservation of Information in the Digital Age", *Library & Information History* 28, no. 3, 2012, pp. 220-236.

» Rosenzweig, Roy, "Scarcity or Abundance? Preserving the Past in a Digital Era", *American Historical Review* 108, no. 3, 2003, pp. 735-762.

» Rothblatt, Martine Aliana, *Virtually Human: The Promise—and the Peril—of Digital Immortality*, Nueva York, Picador, 2015.

» Rothenberg, Jeff, "Ensuring the Longevity of Digital Documents", *Scientific American* 272, no. 1, 1995, pp. 42-47.

» Ruin, Hans, *Being with the Dead: Burial, Ancestral Politics, and the Roots of Historical Consciousness*, Stanford, CA, Stanford University Press, 2019.

» Sandvik, Kristin Bergtora, "Digital Dead Body Management (DDBM): Time to Think It Through", *Journal of Human Rights Practice* 12, no. 2, 2020, pp. 428-443.

» Sconce, Jeffrey, "Haunted Media: Electronic Presence from Telegraphy to Television", Durham, NC, Duke University Press, 2000.

» Scruton, Roger, *The Meaning of Conservatism*, South Bend, IN, St. Augustine Press, 2014.

»   Smit, Eefke, Jeffrey van der Hoeven y David Giaretta, "Avoiding a Digital Dark Age for Data: Why Publishers Should Care about Digital Preservation", *Learned Publishing* 24, no. 1, 2011, pp. 35-49.

»   Smith Rumsey, Abby, "When We Are No More: How Digital Memory Is Shaping Our Future", N. Y., Bloomsbury USA, 2016.

»   Spellman, W. M., *A Brief History of Death*, Londres, Reaktion, 2015.

»   Steinhart, Eric, "Survival as a Digital Ghost", *Minds and Machines* 17, no. 3, 2007, pp. 261-271.

»   Stephens-Davidowitz, Seth, *Everybody Lies: Big Data, New Data, and What the Internet Can Tell Us about Who We Really Are*, Nueva York, Harper Collins, 2017.

»   Stokes, Patrick, "Deletion as Second Death: The Moral Status of Digital Remains", *Ethics and Information Technology* 17, no. 4, 2015, pp. 237-248.

»   Stokes, Patrick, "Ghosts in the Machine: Do the Dead Live On in Face- book?", *Philosophy and Technology* 25, no. 3, 2012, pp. 363-379.

»   Stokes, Patrick, "Temporal Asymmetry and the Self/Person Split", *Journal of Value Inquiry* 51, no. 2, 2017, pp. 203-219.

»   Troyer, John, *Technologies of the Human Corpse*, Cambridge, MA, MIT Press, 2021.

»   Unamuno, Miguel de, *The Tragic Sense of Life in Men and Nations,* trad. de Anthony Kerrigan, Princeton, NJ, Princeton University Press, 1978 [trad. esp.: *El sentimiento trágico de la vida*, Madrid, Renacimiento, 1912].

»   United Nations Department of Economic and Social Affairs. "World Population Prospects: The 2017 Revision", Nueva York, United Nations, 2017, https://bit.ly/4oVG7K0.

»   Walter, Tony, "Communication Media and the Dead: From the Stone Age to Facebook", *Mortality: Promoting the Interdisciplinary Study of Death and Dying* 20, no. 3, 2015, pp. 215-232.

»   Walter, Tony, "New Mourners, Old Mourners: Online Memorial Culture as a Chapter in the History of Mourning", *New Review of Hypermedia and Multimedia* 21, no. 1-2, 2015, pp. 10-24.

»   Walter, Tony, Rachid Hourizi, Wendy Moncur y Stacey Pitsillides, "Does the Internet Change How We Die and Mourn? Overview and Analysis", *Omega: Journal of Death and Dying* 64, no. 4, 2011, pp. 275-302.

» Watson, David, "The Rhetoric and Reality of Anthropomorphism in Artificial Intelligence", *Minds and Machines* 29, no. 3, 2019, pp. 417-440.

» Whitt, Richard S., "'Through a Glass, Darkly': Technical, Policy, and Financial Actions to Avert the Coming Digital Dark Ages", *Santa Clara High Technology Law Journal* 33, no. 2, 2017, artículo 1, https://bit.ly/45MCdfj.

» Zelizer, Viviana, "Human Values and the Market: The Case of Life Insur- ance and Death in 19th-Century America", *American Journal of Sociology* 84, no. 3, 1978, pp. 591-610.

» Žižek, Slavoj, "How to Begin from the Beginning", *New Left Review* 57, mayo-junio de 2009, https://bit.ly/46ajni3.

» Zuboff, Shoshana, "Big Other: Surveillance Capitalism and the Prospects of an Information Civilization", *Journal of Information Technology* 30, no. 1, 2015, pp. 75-89.

Índice

Queremos hacer libros
cada vez mejores. Para eso
necesitamos saber qué pensás.

Envianos un mail y contanos tu parecer:
info@edicionesgodot.com.ar

O respondé una breve encuesta:

Si este libro te gustó y nos querés ayudar,
te agradecemos que lo recomiendes
a tus amigas y amigos o en tus redes sociales.

Libro
compuesto en
tipografía Stempel
Garamond 11/14 creada
por Claude Garamond
en el siglo XVI en Francia,
versión de la fundición
Stempel en 1924.

www.edicionesgodot.com.ar
info@edicionesgodot.com.ar
Facebook.com/EdicionesGodot
Twitter.com/EdicionesGodot
Instagram.com/EdicionesGodot
YouTube.com/EdicionesGodot

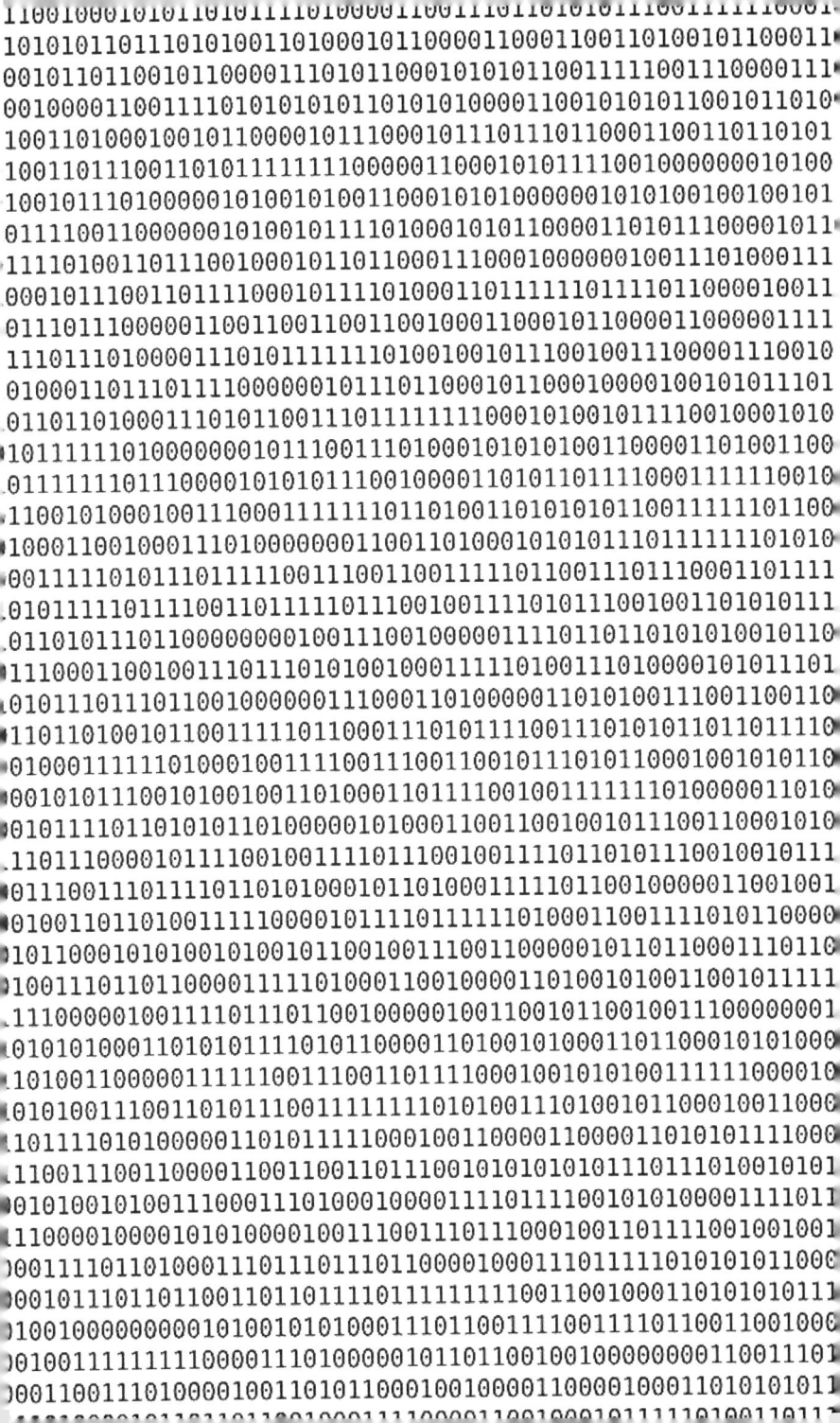